JOSÉ PAULO PAES

Quem, eu?

Um poeta como outro qualquer

6ª edição
2022

Atual Editora

Presidência	Mario Ghio Júnior
Vice-presidência de educação digital	Camila Montero Vaz Cardoso
Direção editorial	Lidiane Vivaldini Olo
Gerência editorial	Julio Cesar Augustus de Paula Santos
Coordenação editorial	Laura Vecchioli
Aprendizagem digital	Renata Galdino (ger.), Beatriz de Almeida Pinto Rodrigues da Costa (coord. Experiência de Aprendizagem), Carla Isabel Ferreira Reis (coord. Produção Multimídia), Daniella dos Santos Di Nubila (coord. Produção Digital), Rogerio Fabio Alves (coord. Publicação), Vanessa Tavares Menezes de Souza (coord. Design Digital)
Planejamento, controle de produção e indicadores	Flávio Matuguma (ger.), Juliana Batista (coord.) e Jayne Ruas (analista)
Revisão	Marília Bellio e Andréa Bruno
Projeto gráfico e diagramação	Nathalia Laia
Fotos	Arquivo pessoal do autor
Tratamento de imagens	Luke Garcia Nunes

Dados Internacionais de Catalogação na Publicação (CIP)

Paes, José Paulo
Quem, eu? : um poeta como outro qualquer / José Paulo Paes. – 6. ed. - São Paulo : Atual Editora, 2022.
104 p.

ISBN 978-65-5945-073-2

1. Escritores brasileiros - Biografia 2. Paes, José Paulo, 1926-1998 I. Título

22-0137 CDD-928.698

Angélica Ilacqua - Bibliotecária - CRB-8/7057

CL: 527360
CAE: 792127

2022
6ª edição
1ª tiragem
Impressão e acabamento: Vox Gráfica

Atual Editora

Direitos desta edição cedidos à SOMOS Sistemas de Ensino S.A.
Av. Paulista, 901, Bela Vista – São Paulo – SP
CEP 01310-200 | Tel.: (0xx11) 4003-3061
Conheça o nosso portal de literatura Coletivo Leitor:
www.coletivoleitor.com.br

Prefácio

De vez em quando, o esperado acontece: o escritor escreve um livro, o editor publica, os alunos leem.

O inesperado, às vezes, também acontece: o professor convida o autor para ir à escola conversar com os alunos.

A partir de 1977, quando publiquei meu primeiro livro, tenho vivido alguns momentos esperados (escrevo pouco, culpa de lentidão e preguiça) e inúmeros inesperados. Nestes, sempre tem me emocionado o interesse do leitor pelos caminhos do autor. Pelos segredos daquele livro, ali, ao alcance da mão, pronto para ser autografado, e de todos os outros, anteriores e futuros. Sobretudo os futuros.

Nos livros da coleção *Passando a Limpo*, cada autor vai tentar conversar com o leitor como se estivesse na sala de aula, num daqueles encontros inesperados, ou na sala da casa de um deles, mais inesperado ainda.

Cada autor vai tentar se lembrar dos sonhos passados, dos planos, dos trabalhos. E imaginar os futuros.

Vai tentar não só responder às possíveis perguntas do leitor, mas também — e principalmente — perguntar. Pois os livros são perguntas, mais que respostas. Indagações, questionamentos.

Em *Quem, eu? — Um poeta como outro qualquer*, José Paulo Paes, poeta, ensaísta e tradutor, pergunta, mais que responde. Indaga, questiona. Capítulo após capítulo, parágrafo após parágrafo.

Tenho certeza de que o leitor, no burburinho da sala de aula, ou no aconchego de sua casa, haverá de comemorar a inesperada descoberta dos segredos e mistérios do autor-personagem.

Vivina de Assis Viana

Sumário

Ao leitor 7

A casa 11

O grupo 21

O ginásio 31

Curitiba 41

O laboratório 55

A passagem 67

A alforria 79

A outra casa 89

Outras obras do autor 98

Autografando um exemplar durante o lançamento de um livro.

Ao leitor

O título deste livro foi inspirado num programa de rádio. Isso muito antes da chegada da televisão, que veio substituir na sala de visitas ou de jantar — naqueles tempos ainda não se falava em sala de estar — o antigo aparelho de válvulas eletrônicas que não produzia imagens, apenas sons. Mas a gente nem sentia falta de imagens. A partir dos sons, imaginava as caras e expressões das pessoas, assim como o lugar de onde elas estavam falando, perante um auditório ou em um cenário de radionovela. Com a televisão, nossa imaginação ficou preguiçosa; já não precisa imaginar mais nada.

O programa de que falo era a *PRK30*, uma estação de rádio fictícia inventada pelos humoristas Lauro Borges e Castro Barbosa lá pelos anos 1940. Imitando o sotaque de um português de padaria, Castro Barbosa comandava um imaginário *show* de calouros. De vez em quando, chamava alguém do auditório para subir ao palco. Ouviam-se então, de longe, vozes de pessoas perguntando "Quem, eu? Quem, eu?" e de cá o locutor explicando "Não, não, a senhora ali, com um colar de cebolas ao pescoço", ou então "Não, não, o outro senhor ali, com uma couve-flor atrás da orelha".

Quando Vivina de Assis Viana me convidou para escrever este livro, perguntei-me, surpreso: "Quem, eu?". Nunca pensei que a minha vida fosse interessante a ponto de merecer uma biografia. Certa ocasião em que me pediram para falar da minha carreira de poeta (se é que poesia é carreira), dei à palestra o título de "Um poeta como outro qualquer". Pois é assim que me vejo. E, quando penso que alguém da grandeza de Manuel Bandeira se considerava um poeta menor, que mais posso ser senão um mínimo poeta?

Mas, deixando em suspenso essa questão de grandezas e pequenezas, acabei chegando à conclusão de que talvez valesse a pena dar um depoimento sobre como fui atraído pela literatura, como se deu a minha formação cultural, como escrevi os primeiros poemas, como fui desenvolvendo o senso de autocrítica, como conheci outros escritores e como acabei me tornando um escritor profissional. Tudo isso poderia ter algum interesse para jovens que, por gostar de ler, acham que também podem escrever. Só que não têm ideia de qual o caminho para chegarem a ser escritor — um caminho feito de muita paciência, estudo, trabalho e, sobretudo, tropeços e desilusões.

Faço votos de que esses jovens encontrem nas páginas que se seguem algum estímulo para enfrentar as asperezas de uma jornada assim ou, se lhes parecerem excessivas, para continuar a ser apenas leitores. Não vai nesse *apenas* nada de pejorativo. Pelo contrário: sem leitores não haveria nem escritores nem literatura.

Graças a eles, aliás, é que este livro existe.

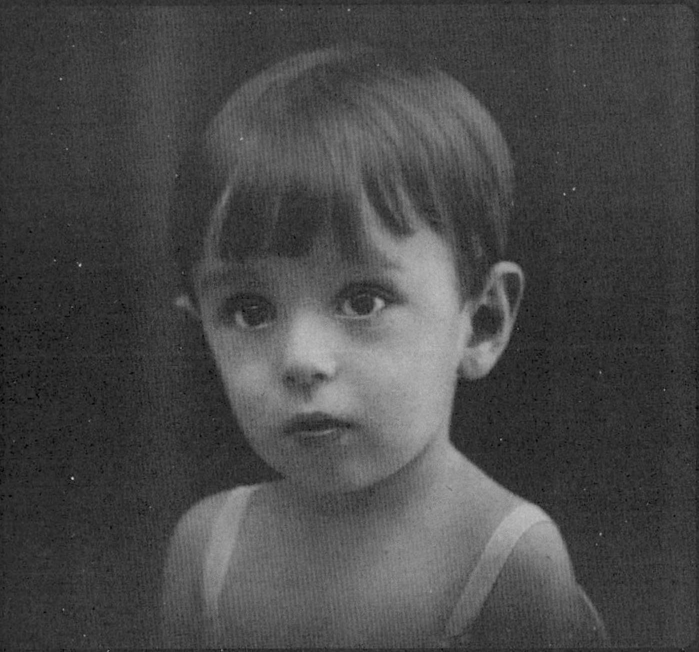

Ainda pequeno, em Taquaritinga.

A casa

Não acredito que o futuro de quem quer que seja possa estar escrito com antecedência na configuração das linhas da mão ou dos astros do céu. Mas não posso deixar inteiramente de lado a ideia de o local de meu nascimento ter influído nos rumos de minha vida. Pois nasci numa livraria. Melhor dizendo, num quarto bem ao lado da Livraria, Papelaria e Tipografia J. V. Guimarães. É o que diz a placa da loja do meu avô materno, em cuja casa de Taquaritinga vim ao mundo no dia 22 de julho de 1926.

Não me lembro evidentemente desse dia. Mas não deve ter sido diferente dos dias em que nasceram, anos depois, minhas duas irmãs, Ernestina e Fernanda. Em dias assim, a rotina da casa patriarcal de J. V. Guimarães mudava muito. As mulheres corriam apressadas de um lado para o outro, cochichando misteriosamente entre si. As crianças eram mandadas cedo para o quintal, advertidas de não fazer barulho para não incomodar minha mãe, cujos gemidos de parturiente eu e meu primo Quinzinho ouvíamos de longe, meio assustados.

Nesses dias remotos, os bebês não nasciam em hospitais. Nasciam em casa mesmo, pelas mãos de uma parteira ou de um clínico geral amigo da família. Para cada um dos seus dois filhos e de suas três filhas, meu avô mandara fazer um quarto. O de meus pais era o primeiro da casa, ao lado da sala de visitas e logo atrás da livraria, cujas largas portas de madeira, pintadas de azul, davam para a rua do Comércio. Mais tarde, mudaram-lhe o nome para rua Prudente de Morais, receio que para desgosto do meu avô. Ele não simpatizava muito com o regime republicano, porque exilara o velho Imperador, a quem ele admirava. Tanto assim que havia um retrato da família imperial pendurado em nossa sala de visitas, logo acima do piano alemão.

Meu avô era português, mas viera ainda rapazola para o Brasil. Tivera uma vida meio aventurosa de bombeiro e soldado nos tempos de Floriano Peixoto. Já era tipógrafo e dono de jornal em Ribeirão Bonito, São Paulo, quando se casou com minha avó, Cândida Marçal, ou Dona Zizinha, emérita contadora de histórias de sacis, bruxas e assombrações. Os filhos do casal nasceram todos em Ribeirão Bonito. A família veio completa para Taquaritinga quando meu avô resolveu para lá transferir seus negócios, menos o jornal.

Alguns anos atrás tive um sonho estranho com a casa de Taquaritinga onde vivi até os onze anos. Sonhei que era um menino voador que fora pousar, feito passarinho, no teto da velha casa, para de lá ficar espiando o que se passava dentro dela. Escrevi então um poema a que dei o título de "A casa":

Vendam logo esta casa, ela está cheia de fantasmas.

Na livraria, há um avô que faz cartões de boas-festas
com corações de purpurina.

Na tipografia, um tio que imprime avisos
fúnebres e programas de circo.

Na sala de visitas, um pai que lê romances policiais
até o fim dos tempos.

No quarto, uma mãe que está sempre
parindo a última filha.

Na sala de jantar, uma tia que lustra
cuidadosamente o seu próprio caixão.

Na copa, uma prima que passa a ferro
todas as mortalhas da família.

Na cozinha, uma avó que conta dia
e noite histórias do outro mundo.

No quintal, um preto velho que morreu
na Guerra do Paraguai rachando lenha.

E no telhado um menino medroso que espia todos eles;
só que está vivo: trouxe-o até ali o pássaro dos sonhos.

Deixem o menino dormir, mas vendam a casa,
vendam-na depressa.

Antes que ele acorde e se descubra também morto.

O sonho só me deu a situação de base e a atmosfera fantasmagórica do poema; para o resto, recorri às lembranças que tinha dos meus familiares, quase todos mortos àquela altura. A velha casa de Taquaritinga estava, inclusive, abandonada havia anos, arruinando-se.

Este talvez seja o momento propício para abrir parênteses e lembrar que os sonhos podem ser uma fonte de inspiração. Às vezes trazem-nos sugestões que são como que embriões de futuros poemas. Mas é a lucidez da técnica e da experiência do poeta — técnica e experiência cuja aquisição exige anos de leitura e de aplicação quase diária ao ofício de escrever — que irá desenvolver as sugestões oníricas em poemas acabados e compreensíveis. Enquanto o sonho é pessoal e só comove ou impressiona quem o sonhou, o poema tem de comover e impressionar, se não todas as pessoas que o leem, pelo menos aquelas cuja sensibilidade foi aprimorada pela leitura regular de poesia.

Entre os personagens de "A casa", avultam na minha saudade as figuras de meu pai e de minha mãe, dos quais tenho os retratos pendurados na parede diante da mesa onde escrevo. A respeito deles, retratos, fiz dois poemas que, como "A casa", estão recolhidos em *Prosas seguidas de*

Odes mínimas; boa parte desse livro de 1992 foi inspirada por lembranças da infância em Taquaritinga. De meu pai, Paulo Artur Paes da Silva, herdei o Paulo do meu nome; o José veio-me do avô paterno, conforme era praxe nas famílias portuguesas. Meu pai era português de nascença e nunca chegou a perder de todo o sotaque. Conheceu minha mãe em uma de suas passagens de caixeiro-viajante por Taquaritinga e com ela se casou em 1925.

Embora tivesse apenas o curso primário, era um homem inteligente, ativo, habilidoso. Foi dono de um semanário, *A Notícia*, e de um escritório de contabilidade e corretagem de seguros. Mas terminou seus dias como caixeiro-viajante. Gostava de ler: tinha no quarto uma pequena biblioteca, na qual predominavam os romances policiais, por que era fanático, e livros sobre maçonaria, de que era membro. Além de marceneiro amador, era um excelente cozinheiro de fim de semana. Nos sábados e domingos, apossava-se da cozinha para fazer um arroz de frango e umas iscas de bacalhau simplesmente divinos. Uma festa culinária para a família toda, que nos outros dias tinha de suportar a comida insossa de vovó Zizinha.

Minha mãe, que se chamava Diva Guimarães Paes, completara também apenas o primário, mas redigia com correção e certo apuro literário, numa letra bonita, as cartas que me escrevia toda semana quando fui estudar fora. Era uma mulher baixinha e vivaz, sempre risonha (raríssimas vezes a vi triste), de uma bondade e de uma solicitude a toda prova. Com meu avô aprendera rudimentos de arte tipográfica e chegara a imprimir um jornalzinho seu. Era uma leitora voraz dos romances água com açúcar da Coleção das Moças e dos folhetins de capa e espada assinados pela minha avó, que os recebia semanalmente pelo correio e os encadernava em grossos volumes. Para a criançada ainda analfabeta da casa, os folhetins de Dona Zizinha não interessavam. Interessavam, sim, as histórias de assombração por ela contadas numa voz de arrepiar, cheia de efeitos sonoros.

Nos dias da minha infância interiorana, havia uma separação nítida entre o mundo dos adultos e o mundo das crianças. Ficávamos o menos possível dentro de casa, pois ali estávamos sob o olhar vigilante e autoritário dos mais velhos. Em especial da tia Aglai, que supervisionava a arrumação da casa. Ela nos dava bons pitos quando, vindos do quintal, sujávamos o seu chão de tábuas lavadas, que mais tarde passaram a ser enceradas a capricho. Durante as refeições na grande mesa de abrir — meu avô ocupava a cabeceira e eu tinha o privilégio de sentar-me à sua direita —, tia Aglai me chamava a atenção toda vez que eu apoiava o cotovelo para segurar a cabeça numa das mãos, enquanto comia enfastiadamente com a outra: "Tem medo que a sua cabeça caia dentro do prato, é?".

Longe dos pitos dos adultos, o quintal era a pátria da liberdade que nos pertencia quase por inteiro. Quase, porque, se bem pudéssemos trepar pelas árvores de fruta e nos empanturrar de mangas, laranjas, tangerinas, jabuticabas e uvaias, os canteiros de verduras plantadas pelo meu avô e os canteiros de flores ciumentamente cuidados pela minha avó eram-nos zona proibida. Quem se atrevesse a passar-lhes a fronteira estava sujeito a um puxão de orelhas. O meu companheiro de brinquedos era o primo Quinzinho, seis meses mais novo que eu e hoje um veterano endodontista em São José do Rio Preto.

Para a nossa imaginação inflamada pelas aventuras dos seriados das matinês de sábado e domingo, o quintal se transformava, com a maior facilidade do mundo, em deserto árabe, selva africana ou faroeste bravio. Tínhamos um gosto especial por inventar esconderijos e passagens secretas. Quando meu tio Arnóbio, pai de Quinzinho, construiu casa própria e para ela se mudou, eu ia às vezes brincar no seu amplo pomar. Ali ajudei meu primo a escavar uma passagem secreta sob o muro da frente, por onde nos esgueirávamos para a rua quando nos dava na telha. O diabo foi que, com a primeira chuva, um pedaço do muro desabou sobre o buraco sorrateiramente escavado, para surpresa do tio Arnóbio, que nunca conseguiu descobrir a verdadeira causa do desastre.

Nos fins de ano, a casa de vovô se animava com a chegada de tia Dinorá, que vinha de São Paulo com o marido e as duas filhas, Carmem e Mana. Vinha carregada de presentes para cada um dos membros da família. As crianças ganhavam em geral brinquedos de mola, importados da Alemanha. Como aqueles de amostra que, um mês antes do Natal, um caixeiro-viajante trazia dentro de malas, para nós enormes, a fim de exibi-los ao meu avô e receber eventuais encomendas. Nessa época, a livraria e papelaria também vendia, além de cartões de boas-festas confeccionados pelas mãos destras do seu proprietário, um pequeno estoque de brinquedos.

Num Natal chegaram do Rio de Janeiro as duas irmãs de meu avô trazendo consigo maridos, filhos e netos. Foi uma memorável reunião de família, devidamente registrada num retrato coletivo de que guardo cópia. Como a sala de jantar era pequena para tanta gente, fazíamos as refeições numa longa mesa de tábuas sobre cavaletes montada debaixo da parreira do quintal. Durante o almoço de Natal, nós crianças tivemos de engolir, nauseados, uma ou duas garfadas de um arroz de polvo que os adultos saboreavam como manjar dos deuses, já que nas cidades do interior não se vendia (felizmente!) tal iguaria do mar. Tivemos ainda de aguentar, na sobremesa, uns tais "formigos", doce típico português, complicado de preparar, que nos pareceu a coisa mais sem graça do mundo, comparado com os pés de moleque, as cocadas pretas e os doces de cidra ou de abóbora.

Eu já conhecia o ramo da família de meu avô estabelecido no Rio. Isso porque lá vivera quase dois anos, por volta de 1933, quando meu pai resolveu ir tentar a vida como empregado de uma firma importadora de vidros planos. A comprida viagem de trem até São Paulo, e depois até o Rio, foi uma aventura. Não só pela novidade — era a primeira vez que eu entrava num trem — como pelo desconforto. O balanço do vagão me fazia enjoar, enjoo que se repetiu quando, já no Rio, minha mãe me levou de bonde até a casa de tia Pazinha, irmã de meu pai e mãe de um bando de filhos, dos quais logo simpatizei com o Lúcio e a Inês. Melhor era o bondinho de Santa Teresa, que subia pelos Arcos até a ampla casa de tia Cândida, a irmã mais velha de vovô Guimarães. Casa do século passado, com uma longa varanda e um jardim de árvores frondosas, que me vem à memória toda vez que releio os romances de Machado de Assis.

Quando chegamos à antiga Capital Federal, fomos morar provisoriamente no Engenho de Dentro, em casa de tia Lídia, outra irmã de papai. A casa ficava perto de um morro, de onde nos chegavam sons de batucada. Foi ali que pela primeira vez vi, fascinado pela sua estranha e lamentosa sonoridade, uma cuíca. Meses depois mudamos para um bangalozinho alugado por meu pai em Bom Sucesso. Na casa ao lado, moravam três professoras de um colégio de São Cristóvão. Um dia elas pediram a meus pais que as deixassem me levar a uma festa do colégio. Antes de sairmos, minha mãe me recomendou não ser guloso: era falta de educação. Levei tão ao pé da letra a recomendação que, diante de uma mesa repleta dos doces mais tentadores, só aceitei uma fatia pequena de bolo e um casadinho. Sinto até hoje o gosto desse único casadinho e o remorso de não ter comido pelo menos mais uma dúzia.

Não demoramos muito em Bom Sucesso. Meu pai adoeceu de doença grave e tivemos de nos mudar para a casa de tia Mariquinhas, no Estácio de Sá. Uma casa pequena onde nos alojamos precariamente. Eu dormia no chão duro, sobre uma esteira de palha, mas não me queixava. Para compensar a dureza do chão havia a ríspida ternura de tia Mariquinhas, uma portuguesa gorducha de modos decididos e coração de ouro. De vez em quando ela me pedia para lhe fazer cafuné só para poder me dar, a pretexto de paga, alguns tostões com que comprar caramelos na padaria da esquina.

Lembro-me bem do carnaval que passei no Estácio de Sá. A casa de minha tia era num beco sem saída cujos moradores se combinaram para, na segunda-feira, enfeitar a rua com bandeirinhas de papel de seda e promover um carnaval de vizinhos. Os rádios, postos junto das janelas abertas e com o volume ao máximo, foram sintonizados todos numa mesma estação que tocava ininterruptamente os sucessos carnavalescos do dia. E lá fomos todos dançar no meio do beco, vestidos com fantasias de papel crepom. Na terça-feira à noite, levaram-me para ver o deslumbrante desfile dos carros alegóricos de Fenianos e Tenentes do Diabo na avenida Rio Branco.

Àquela altura, o carnaval carioca não era a festa para turistas que é hoje, com escolas de samba subsidiadas pelo poder público. Era uma festa popular e espontânea a que não faltava a necessária dose de bom gosto. Em vez dos disparates dos famigerados sambas-enredo de agora, compositores de verdade, como Lamartine Babo, Ary Barroso, Assis Valente e outros, compunham marchinhas e sambas inesquecíveis, ainda hoje cantados por falta de substitutos condignos. Foi no ano em que vivi no Rio que, se a memória não me trai, Noel Rosa lançou seu samba *O sereno vem caindo**.

A doença de meu pai se arrastava, sem cura. Os dolorosos curativos das pústulas na perna se repetiam quase dia-

* N.E.: O título correto do samba, gravado em 1933, é *O orvalho vem caindo*.

riamente, bem como as não menos dolorosas lavagens com permanganato de potássio. Era o bactericida que se usava naquela época em que ainda não existiam sulfas ou antibióticos. Para piorar as coisas, minha mãe estava grávida da segunda filha, Fernanda, e não havia condições de ela ter a criança na apinhada casa de tia Mariquinhas. Veio então nos buscar o tio Orlando e voltamos para Taquaritinga sem papai. Impossibilitado de viajar, ele continuaria no Rio até recuperar-se. Tio Orlando era um rapagão meio estouvado que combatera, como soldado raso, na revolução constitucionalista de 1932. Quando os revolucionários foram derrotados e ele voltou para casa de farda verde-oliva e capote cinzento, fiquei empolgado: tínhamos um herói na família! Tio Orlando ajudava vovó na tipografia e na loja. Quando o patriarca Guimarães morreu, ele o sucedeu na direção da firma, que passou a ser Viúva J. V. Guimarães & Filhos.

Para encerrar estas lembranças do período pré-escolar de minha infância, não é fora de propósito contar aqui uma anedota que a memória de tia Dinorá guardou fielmente: meses antes de morrer ainda falava dela. Certa noite em que se preparava para ir com as irmãs a uma quermesse de igreja, tia Dinorá me pediu que fosse avisar minha mãe de que a prima Mercedes ia conosco. Essa prima é a que aparece em "A casa" passando cuidadosamente as mortalhas da família, isso porque lhe cabia cuidar da roupa branca. Fui correndo dizer a mamãe que "a Mercedes vai com o Nosco". Como eu nunca tinha ouvido esse antipático e alatinado pronome, supus, naturalmente, que o tal Nosco fosse algum namorado da Mercedes. As risadas gerais me deixaram amuado. Amuado com as complicações dos adultos: por que dizer *conosco* quando se poderia simplesmente dizer "com nós"?

Estou certo de que a minha futura antipatia pelas regras da gramática, sempre tão tirânicas, tão cheias de exceções e tão distanciadas da fala da gente comum, nasceu nessa noite de risos e de amuo.

De uniforme, com cerca de 7 anos.

O grupo

Eu me desasnei aos sete anos. Desasnar queria dizer alfabetizar-se: quem aprendesse a ler era promovido de asno a ser pensante. Fui alfabetizado por dona Dalila, professora do primeiro ano do Grupo Escolar de Taquaritinga. Um casarão que aos nossos olhos infantis parecia enorme, com suas salas de pé-direito muito alto, onde nos sentávamos em carteiras colocadas uma atrás da outra feito bancos de trem. Delas ficávamos melancolicamente a espiar, pelas largas janelas, os pássaros voando e cantando livres lá fora, enquanto nós, aves engaioladas, tínhamos de ficar ali dentro a grasnar "be com a, bá", "be com e, bé", "be com i, bi", e assim por diante, até o fim de um alfabeto que parecia não acabar nunca.

O sacrifício valeu a pena: no meio do ano eu já estava lendo. E no dia em que, sem ajuda de ninguém, consegui decifrar letra por letra, palavra por palavra, uma notícia do jornal que meu avô lia religiosamente todas as noites, fiquei deslumbrado. O mundo era meu agora! Na matinê de domingo, contei a um conhecido de bem mais idade que doravante eu estava capacitado a ler qualquer coisa. Aí ele me fez uma pergunta matreira: "Mesmo se for em francês? Ou em inglês?". Embatuquei: o mundo não era mais meu. Havia, nele, muito mais coisas do que imaginava a minha vã suficiência de leitor principiante. Para chegar a conhecer uma pequena parte delas, eu tinha ainda muito chão pela frente. A sabedoria começa no reconhecimento da nossa própria ignorância. Ou, como dizia um filósofo cujo nome eu nunca soube, "só sei que não sei".

O professor da segunda série*, seu Alcino, era um solteirão pitoresco. E seus métodos disciplinares nada tinham de convencionais. Quando um aluno cometia alguma travessura em classe, ele não só o condenava a dar de dez a vinte voltas ao redor da sala, como ordenava aos alunos sentados: "Belisquem o polo sul dele! Com força!". Incitação prontamente aceita pelos mais maldosos, em meio a risinhos de mofa compartilhados com o condenador. Além de mestre-escola, seu Alcino era dentista e tinha no seu gabinete nada mais nada menos que uma caveira humana de verdade. Um dia ele convidou um grupo de alunos mais aplicados para ir ver a relíquia, que apalpamos com uma curiosidade repassada de nojo. Com ele aprendemos que a expressão "É tarde, Inês é morta!" significa "agora não adianta mais" ou "a oportunidade está perdida". Se vocês quiserem saber por quê, leiam a história da Inês de Castro, "que depois de ser morta foi rainha", no canto terceiro, versos 118 a 150, de *Os lusíadas*, de Luís de Camões.

No terceiro ano primário minha professora foi dona Dinorá, filha do seu Juca da farmácia, quase nosso vizinho. Tive a alegria de revê-la alguns anos atrás, por ocasião do lançamento de um dos meus livros aqui em São Paulo. Ela leu num jornal a notícia do lançamento e, reconhecendo o nome de seu antigo aluno, veio até a livraria obter-lhe o autógrafo. Os anos a tinham tratado bem. Reconheci-lhe prontamente o rosto simpático e a voz rouca com que nos explicava os mistérios da aritmética e as façanhas dos heróis da pátria. Segundo os manuais escolares da época, com exceção de Calabar e Joaquim Silvério dos Reis, a nossa história só tinha heróis.

Não cheguei a cursar o quarto ano. Em vez disso fui fazer os preparatórios para os exames de admissão ao

* N.E.: Equivalente ao atual primeiro ano do Ensino Fundamental.

ginásio*. Mas disso falaremos mais adiante. Quero agora voltar-me para uma fase importante da minha formação literária. Talvez a mais importante: os primeiros passos no caminho, felizmente sem fim, das leituras. Das leituras como momentos de entretenimento e prazer a que nos entregamos quando nos dá na telha e que por isso mesmo são tão diferentes da obrigação escolar a ser cumprida a tempo e hora. No curso primário (e mesmo depois, no ginasial) só tínhamos de ler os livros das matérias do programa: aritmética, história do Brasil, lições de coisas, etc. Não nos pediam que lêssemos em casa obras de literatura. Aliás, não me lembro de que o Grupo Escolar de Taquaritinga tivesse biblioteca; se tinha, nenhum professor nos levou até ela.

A leitura era um hábito cultivado por quase todos em casa de meu avô. Nós, crianças, tínhamos inveja dos adultos que conseguiam se distrair tanto tempo com aqueles risquinhos de tinta preta no branco da página e nos sentíamos inferiorizados por não entender nada do que significavam. Tal sentimento de inferioridade era um estímulo natural para o aprendizado das primeiras letras. Pena que a leitura de livros como meio de distração para as horas de lazer não seja hábito na maioria dos lares brasileiros. Se fosse, a escola não teria de impor às crianças e adolescentes esse tipo de leitura como tarefa de casa. Uma atividade só é prazerosa quando exercida por gosto e livre escolha. De qualquer modo, antes ler livros por obrigação do que não ler coisa alguma.

* N.E.: Equivalente aos anos finais do atual Ensino Fundamental.

Eu comecei a minha ininterrupta carreira de leitor pelas histórias de fadas, bruxas e gigantes narradas por Perrault, Grimm, Andersen e outros clássicos da infância. Li-as nas adaptações dos livrinhos da série Encanto e Verdade, dirigida por Tales de Andrade. De Renato Sêneca Fleury conheci, pouco depois, *As férias no Pontal*, cujo enredo eram as miúdas aventuras de um grupo de crianças numa fazenda do interior. Mas descritas com uma graça tal que, embora elas nada tivessem de extraordinário, lhes dava o mesmo interesse das histórias de fadas. A descoberta de que a aventura podia surgir de repente na vida prosaica de todos os dias foi decisiva para mim.

Tornei a ver isso confirmado com mão de mestre nos volumes da saga do Sítio do Picapau Amarelo criada pela imaginação de Monteiro Lobato. As histórias inventadas por esse gênio da nossa literatura infantojuvenil se passavam, todas, num espaço bem brasileiro, e seus personagens — Narizinho, Pedrinho, dona Benta, tia Nastácia — falavam e se comportavam como nós, crianças, e como os adultos de nossa própria família. Até os personagens fantásticos dos livros de Monteiro Lobato — a boneca falante Emília e o não menos falante sabugo de milho Visconde de Sabugosa — eram tipicamente brasileiros e conversavam de igual para igual com os personagens estrangeiros do reino das fadas ou da mitologia. E o mais importante de tudo: as façanhas da turma do Sítio do Picapau Amarelo vinham temperadas de colorido, emoção e, sobretudo, humor. Com Monteiro Lobato aprendi que é pelo trampolim do riso, não pela lição de moral, que se chega ao coração das crianças. Até lá procuraria eu chegar, muitos anos depois, com as brincadeiras de palavras dos meus poemas infantis.

A etapa seguinte foi a descoberta dos romances de aventuras da coleção Terramarear. Comecei pelos de Tarzan, que achei mais fascinantes do que os filmes do mesmo herói estrelados por Johnny Weissmüller. Os vários volumes me foram emprestados por um colega mais afortunado, que tinha a série completa. Também por essa época me iniciei nos romances policiais da coleção Amarela, alguns da biblioteca de papai, outros da biblioteca de uma amiga da família, Dona Lina Zuppani. O mútuo empréstimo de livros era o modo de compensar a escassez deles em Taquaritinga, onde não havia biblioteca pública nessa época. Por serem raros, eles tinham grande valor para quem deles gostava.

Espanta-me hoje em dia, em que o acesso ao livro está tão facilitado, as pessoas não lerem a pretexto de falta de tempo ou de dinheiro para comprá-los. O tempo não lhes falta para as novelas de televisão e elas sempre acham com que comprar as roupas da moda. Durante a terrível recessão por que passou a Alemanha depois da Primeira Guerra Mundial, os operários alemães que Simone Weil então entrevistou economizavam na comida, já de si tão pouca, para poderem comprar algum livro...

Se as leituras de prazer em casa me tornaram um devorador de romances de aventuras, as leituras obrigatórias de poesia na escola eram a maior chatice. Os autores dos manuais escolares tinham um faro infalível para escolher os poemas mais convencionais e mais sem graça jamais escritos. Lembro de um a respeito de um menino que tinha encontrado um relógio:

"Achei um relógio"
gritava Janjão,
pulando contente
com ele na mão.
Achei um relógio
com uma corrente.
Que belo! Que belo!
Agora sou gente!"

Quanta besteira, pensava eu comigo. Quem seria descuidado a ponto de perder um relógio de bolso com corrente e tudo? Eu, se achasse algum, ficava era de boca fechada. Não ia me pôr a gritar feito imbecil "Que belo! que belo!", não era exclamação de menino que se prezava. Contudo, influenciado por essa má poesia escolar, cometi aos dez anos a minha primeira quadrinha rimada, em homenagem ao aniversário de meu avô. Li-a à mesa, depois do jantar, e o abraço que recebi desconfio ter sido mais de gratidão ao neto bem-intencionado que de parabéns ao poeta malsucedido.

Como ninguém vive só de livros, eu alternava as horas de leitura com as horas de brincar na rua. Depois que entrei para o grupo escolar, passei a ter permissão de ir brincar em casa de colegas. Taquaritinga era então uma cidade pequena, onde toda gente conhecia praticamente toda gente. Não havia tampouco perigo para as crianças em atravessar as ruas trafegadas por uns poucos e lentos automóveis. Entre eles o Ford de bigodes de meu pai, dentro do qual íamos fazer o corso no carnaval. Na Terça-Feira Gorda, os automóveis subiam e desciam as mesmas ruas da cidade com seus ocupantes devidamente fantasiados atirando serpentinas e confetes nos pedestres apinhados nas calçadas. Tudo isso ao som da banda municipal, que tocava domingo no coreto do jardim público e fechava as procissões acompanhando a cantoria dos fiéis: "Dai-nos a fé, ó Virgem...".

As brincadeiras variavam conforme a época do ano. Havia o tempo de rodar piões, o tempo de soltar papagaios, o tempo de jogar bolinhas de gude, o tempo de apostar corrida em carrinhos de rodas de madeira que desciam, a toda, as ruas mais íngremes. Podia-se também ir nadar e pescar no ribeirão que atravessava a cidade. Suas águas não tinham sido ainda poluídas pelos detritos da usina de álcool da Fazenda Contendas — usina onde eu iria estagiar durante o último ano do curso de química industrial. Nas águas límpidas do Ribeirãozinho, nadavam pequenos cardumes de lambaris e cascudos. Íamos chutá-los para fora do leito na parte mais rasa, debaixo da ponte da estrada de ferro, e levar em triunfo para casa, como rica presa de guerra, meia dúzia de peixinhos.

Outro divertimento menos inofensivo, inspirado em *As caçadas de Pedrinho*, um dos livros da série do Sítio do Picapau Amarelo, era atirar nos passarinhos da mata de Vila Rosa, para nós a figuração mais próxima do jângal da Índia ou da selva amazônica. Nossas armas, de fabricação caseira, tinham o nome de *trinchetes*. Numa coronha de madeira modelada a faca, prendíamos, com pregos entortados, um pedaço de cano de guarda-chuva. Uma das pontas do cano era soldada e perto dela havia uma ranhura aberta. Com uma tira de elástico e um pedaço de arame improvisávamos o gatilho e o percussor. Pela boca, enchíamos o cano de pólvora e grãos de chumbo, que socávamos bem. Depois era só ajeitar uma espoleta em cima da ranhura, armar o percussor e disparar.

Para sorte dos incautos passarinhos, raras vezes conseguíamos acertá-los porque os grãos de chumbo se espalhavam de tal modo que só por acidente algum deles chegava a alcançar o alvo. Em compensação, o tiro às vezes saía pela culatra mal soldada e os grãos se cravavam no rosto do atirador, de onde o farmacêutico os tiraria um por um com uma pinça, em meio aos ais do valente caçador, que saía da caçada com cara de bexiguento.

Além dos livros de aventuras, das brincadeiras de rua e do cinema de sábado e domingo, tínhamos, para distrair-nos, as histórias em quadrinhos, que nos meados

dos anos 1930 substituíram *O Tico-tico*, uma antiga revista infantil. Da primeira publicação a elas dedicada, o *Suplemento Juvenil*, fui assinante desde o número 1. Veio logo depois o *Gibi*, cujo título mais tarde se tornaria sinônimo de revista de história em quadrinhos. O prato de resistência do *Suplemento Juvenil* eram as aventuras de Flash Gordon no planeta Mongo. Protagonizado pelo ator Buster Crabbe, esse herói de ficção científica logo foi para as telas dos cinemas num seriado exibido em 1937, se não me engano. Fiquei tão empolgado com ele que me fantasiei de Flash Gordon no carnaval do ano seguinte.

Penso que às histórias de Flash Gordon deve ser creditado o meu precoce interesse pelas ciências, em particular pela química. Num quartinho de madeira especialmente feito por meu pai nos fundos do quintal, montei meu laboratório. Para equipá-lo, além de vidros de remédio vazios, aproveitei uma viagem de passeio a São Paulo, com meu avô, para comprar na casa Fretin balões, provetas, copos graduados, tubos de ensaio e varetas de vidro, daquelas que se podem modelar ao fogo. Só não consegui comprar o que mais ambicionava: uma retorta. À falta dela, montei um aparelho de destilação aquecido por lâmpada de álcool.

Os reagentes para as minhas reinações conseguia-os na farmácia do seu Pastore, um velhinho calvo e amistoso. Apesar da minha pouca idade, seu Pastore me vendia tudo quanto eu ia desencavar no seu laboratório de manipulação. Naqueles tempos em que a indústria farmacêutica ainda não monopolizara o mercado, os médicos garatujavam receitas pormenorizadas para os farmacêuticos aviarem por encomenda. Seu Pastore me supria de pequenas quantidades de glicerina, éter, permanganato e clorato de potássio, ácido sulfúrico, ácido nítrico, ácido clorídrico, fósforo branco, cianeto de potássio, e sei lá mais o quê.

A minha química de meninice era feita com 10% de informação e 90% de imaginação. A informação eu a ia buscar nos manuais de ciências físicas para o ginásio vendidos pelo meu avô ou então na secção "Coisas que se podem fazer" do prodigioso *Tesouro da juventude*, uma série de volumes encadernados lidos e relidos como bíblia. A imaginação se nutria nos seriados de cinema, nas histórias em quadrinhos e nos livros de ficção científica. Mais do que a química, atraía-me a alquimia com o seu sonho da pedra filosofal, capaz de transformar o chumbo em ouro, e do elixir da longa vida, graças ao qual todos seriam Matusaléns.

Muito moço ainda para me preocupar com a longevidade, concentrei-me na pedra filosofal. Se bem jamais chegasse a descobri-la, nem por isso deixei de me divertir com os meus reagentes e a minha vidraria de laboratório. Uma mágica muito ao gosto do meu público infantil era umedecer um pedaço de papel de filtro com glicerina, espalhar sobre ele umas paletas de permanganato de potássio e pronunciar, ao fim de alguns instantes, o solene abracadabra para que o papel se inflamasse espontaneamente. Outro truque de efeito era cortar um pedacinho de fósforo branco e expô-lo ao ar no quintal, que logo se enchia de uma espessa e sufocante fumaça branca.

Devido às reclamações dos vizinhos, meu pai cortou esse truque do meu limitado repertório. E teria atalhado abruptamente a minha carreira de doutor Silvana se soubesse que, com um tubo de ensaio, dois cristais de cianeto de potássio dissolvidos em água e umas gotas de ácido sulfúrico, eu produzia venenosíssimas emanações de gás cianídrico para matar moscas em pleno voo...

Quando jovem, em idade escolar.

O ginásio

Eu e Quinzinho não tivemos dificuldade de passar nos exames de admissão. Em começos de 1937, estávamos ambos matriculados na primeira série do Ginásio Municipal de Taquaritinga. O antigo prédio do ginásio, que não existe mais, ficava em frente à praça do jardim e a enfeitava com o seu jeito de fortaleza militar. Por coincidência, o primeiro diretor do ginásio foi um major, creio que da antiga Guarda Nacional — o major Calderazzo. Um velho simpático, com um sotaque italiano carregado. Era a instância final a que os professores, quando perdiam totalmente a paciência, encaminhavam os alunos mais indisciplinados. Lembro-me de um, endiabrado e louríssimo, que era frequentador assíduo do gabinete do major Calderazzo. O major acabou se afeiçoando a ele. Contentava-se, depois do pito de praxe, em lhe dar um croque na cabeça e ordenar-lhe, com uma carranca fingida: "Via! Via! Carneirrinho bianco!".

Não guardo boas recordações do ginásio de Taquaritinga. Meus companheiros de classe eram, na maioria, turbulentos e grosseiros. Durante o recreio, viviam aos tapas e empurrões; nas aulas, quase não prestavam atenção aos professores. Destes, o único que me ficou na memória foi o Dr. Aristides, um velhote magricela, de pescoço de peru, cuja dentadura postiça, mal ajustada na boca, tornava ininteligível as já de si pouquíssimo inteligíveis expressões em francês que tentava baldadamente nos meter na cachola. Por conta própria, eu e meu primo resolvemos pronunciar as palavras francesas como se fossem portuguesas.

Certo dia, estávamos estudando em voz alta conjugações verbais quando a Lady, mulher do tio Orlando, passou pela sala e nos ouviu estropiando feito bárbaros o idioma que ela tivera oportunidade de aprender *comme il faut* com uma freira do colégio de Piracicaba. Além de ser belga, a freira possivelmente não usava dentadura postiça. O certo é que, durante um mês inteiro, uma hora por dia, Lady nos ensinou pacientemente a pronunciar, com biquinho, o *u* francês, e a arrastar na garganta, como se estivéssemos pigarreando, os *rr* rascantes.

Enquanto Quinzinho continuou fazendo o seu curso secundário em Taquaritinga, eu fui continuar o meu fora. Um primo, José Marçal, havia sido nomeado secretário do Ginásio Estadual de Araçatuba, no noroeste do Estado, e para lá se mudou com sua mãe de criação, a tia Amélia. Ambos convenceram meus pais a deixar-me ir estudar em Araçatuba, onde o ensino era melhor que em Taquaritinga. E era mesmo. O ingresso no magistério público estadual se fazia por concurso e o salário dos professores de ginásio ou escola normal oficiais possibilitava-lhes viver modesta mas dignamente. No seio da comunidade, tinham o mesmo prestígio social dos juízes, dos médicos e dos promotores.

Quando cheguei a Araçatuba para cursar o segundo ginasial, encontrei uma cidade cheia de vida, com uma atmosfera por assim dizer cosmopolita. Para ali afluía então gente vinda de várias partes de São Paulo e de outros Estados, em busca das oportunidades que uma cidade nova, em fase de expansão, costuma oferecer aos forasteiros. O prefeito, Valadão Furquim, era um homem dinâmico e alegre. Vivia promovendo festividades públicas, algumas até meio exóticas, como a "Mi-Carême", realizada no meio da Quaresma. Logo me adaptei ao novo ritmo de vida e fiz amigos entre os colegas de classe, mais sociáveis e menos turbulentos que os de

Taquaritinga. Meses depois de chegado, já estava, inclusive, namorando uma das meninas da minha classe mista. Namoro tímido, de bilhetinhos furtivos, olhares melosos e um que outro aperto de mãos às escondidas.

Os professores do ginásio eram competentes, todos eles. Mas eu me afeiçoei particularmente a dois pela maneira viva e eficaz com que nos ensinavam suas matérias. O Dr. França, levado talvez pela fatalidade do nome, lecionava francês e adotava em suas aulas a série de manuais de Burtin-Vinholes. Nesses manuais, a aridez das noções de gramática e dos exercícios de tradução/versão era adoçada pelas pequenas anedotas que rematavam cada lição. Impacientes por entendê-las, sobre elas nos debruçávamos espontaneamente, de dicionário na mão. A pronúncia clara do Prof. França e a sua pedagogia bem dosada me reconciliaram com a matéria que o Dr. Aristides me fizera detestar. Por outro lado, o sucesso de Jean Sablon, um cantor que naquela época atuava na Rádio Nacional, do Rio de Janeiro, nos incitava a aprender um pouquinho de francês para poder compreender as letras de suas canções, entre elas a famosa *J'attendrai*.

Para o resto da vida sou devedor do Prof. Júlio Ridolfo, que nos ensinou, a mim e aos meus colegas menos relapsos, como redigir em português correto. Isso sem obrigar-nos a decorar regra após regra ou classificar uma por uma as orações das primeiras estrofes de *Os lusíadas*. De cada três aulas que dava, apenas uma era consagrada a explicações teóricas. Na seguinte, tínhamos de fazer em classe uma redação, de no mínimo dez linhas, sobre um tema por ele indicado. Quem terminasse a sua podia entregá-la e ir para o recreio antes do fim da aula. O Prof. Ridolfo levava as redações para casa e as corrigia pacientemente com tinta vermelha. Na outra aula, comentava conosco os erros cometidos e nos explicava como evitá-los. E isso sempre com um bom humor que nos gravava indelevelmente a explicação na mente. Eu gostava de procurar no dicionário palavras difíceis para enfeitar as minhas redações. Muitas vezes, enquadrá-las no tema dado pelo Prof. Ridolfo exigia prodígios de imaginação que muito o divertiam.

Meu primo José Marçal, secretário do ginásio, tocava cavaquinho, donde o seu apelido de Zé Cavaco. Os numerosos amigos que logo fez em Araçatuba o presentearam com um banjo, mas o antigo apelido ficou. Foi esse primo festeiro quem me estimulou a estudar violão. Aprendi sozinho as posições básicas e logo o estava acompanhando nas cantorias. Zé Cavaco fundou um conjunto musical que se apresentava em festas do clube e na rádio local; eu pertencia ao conjunto. Quando veio para Araçatuba um professor de violão, Simalha Filho, resolvi estudar com ele, já agora por música, embora eu gostasse mesmo era de tocar de ouvido. Além de lecionar violão, Simalha dirigia o regional da rádio — cujo prefixo, se bem me recordo, era PRE-8 — e logo me integrou nele.

Um dos violonistas do regional, um pedreiro negro como a noite, tinha o nome ilustre de Aristóteles. Os dedos grossos de sua mão esquerda, calejados de caliça, adejavam como plumas pelo braço do violão, enquanto a mão direita imprimia aos sambas que acompanhava um ritmo contagiante. Tornei-me tão amigo do Aristóteles que uma noite ele me convidou para ir tocar com ele num baile onde não era permitida a entrada de brancos. Tive a honra de ser o único presente e não envergonhei o Aristóteles: consegui imitar-lhe sofrivelmente o ritmo inimitável. Por essa altura, o gerente da PRE-8 me ofereceu um bico de *speaker* na programação da manhã. Tive então como colega de trabalho o locutor Moraes Sarmento, vindo de Campinas.

Além de tocar no regional, fazer locução e escrever crônicas sentimentais para o último programa da noite, eu também atendia com frequência pessoas que vinham dedicar músicas no programa *Lembrei-me de você*. Foi assim que fiquei conhecendo pessoalmente várias "mulheres da vida" estabelecidas na "zona do meretrício", como diziam as páginas policiais dos jornais. Gostavam, essas mulheres, de dedicar valsas, boleros e tangos chorosos aos seus amantes ou exploradores regulares. Não tinham nada daquelas mulheres fatais que levavam os homens à perdição nos romances de folhetim. Pareciam ser moças comuns, algumas até tímidas.

Elas foram as protagonistas de uma brincadeira que eu e colegas mais taludos fizemos certa ocasião para mortificação de meu primo Marçal. Era ele quem dirigia a fanfarra do ginásio, à qual eu pertencia como tocador de caixa. A Prefeitura organizara uma campanha de coleta de ferro-velho em prol do esforço de guerra, isso por volta de 1941 ou 1942. Com o seu uniforme militar de ginasianos, em formação de tropa por ordem decrescente de altura, todos os alunos saíram às ruas. Iam recolhendo de casa em casa sucata metálica, jogada dentro do caminhão que fechava o cortejo. O primo Marçal, apito na boca, corria de cima para baixo mantendo a boa ordem de sua tropa.

Quando nos aproximamos da "zona do meretrício", em vez de dobrar à esquerda para dela nos afastarmos, conforme instruções de nosso comandante, nós da fanfarra, que íamos na vanguarda, viramos de caso pensado à direita. E, seguidos pelo restante da tropa, entramos em pleno território do pecado. Das janelas, em seus penhoares floridos, as mulheres nos saudaram com palmas, risos e piadas, chamando-nos, a mim e a meu primo, pelo nome. Vermelho como um pimentão, nosso comandante pôs-se a apitar freneticamente até conseguir que fizéssemos meia-volta e saíssemos dali. À noite, em casa, Zé Cavaco esbravejou comigo por causa da traição, mas acabamos os dois às gargalhadas quando nos lembramos da cara de espanto dos alunos menores que não entenderam, ante a cordialidade da recepção, a repentina ordem de retirada.

Com exceção do português e do francês, pelos quais tinha maior interesse, fui um aluno apenas regular nas demais disciplinas. O currículo ginasial era um exagero: incluía nada menos que quinze matérias no quinto ano. Eu estudava o estritamente necessário para passar. O resto do tempo gastava-o tocando violão, falando na rádio ou namorando, já agora com bem maior desembaraço.

O primeiro beijo na boca que troquei com uma namorada nos fez passar, a mim e a ela, um bom vexame. Os lanterninhas de cinema, além da função normal de levar o espectador até uma cadeira livre quando as luzes se apagavam, tinham a função acessória de vigiar os casais de namorados para evitar "indecências". Aproveitar-se do escurinho do cinema para beijos na boca era uma delas. Havia evidentemente outras mais graves, em que não tardei a me iniciar assim que aprendi a driblar a vigilância dos lanterninhas. Mas, por causa do primeiro beijo, fomos os dois postos para fora do cinema, com a ameaça de a "indecência" ser levada ao conhecimento do pai da menina, caso voltássemos a reincidir.

Por culpa dos namoros, do violão e das aulas enforcadas para ouvir música de dança no toca-discos do clube, não pude fazer os exames finais de quinta série. Devido ao excesso de faltas, fiquei para segunda época em todas as matérias. Mas assim mesmo compareci à festa de formatura. Só que, em vez de diploma, recebi um cartucho de cartolina em branco. Como eu era o único aluno em segunda época, os professores não iam sacrificar suas férias por minha causa. Fui examinado em todas as matérias pelo vice-diretor do ginásio, Sólon Borges dos Reis, que chegou a ser secretário de Educação do Estado. Consegui sair-me sofrivelmente nas provas e recebi o certificado de conclusão do curso. Minhas piores notas foram em química: infelizmente, a alquimia não constava do currículo...

Eu não poderia terminar este capítulo ginasiano sem contar que foi quase no fim do curso que comecei a me interessar pela literatura dita "séria". Séria, entenda-se, em contraposição à literatura de entretenimento: enquanto esta se contenta *apenas* em distrair-nos, aquela ambiciona *também* fazer-nos pensar. Em Araçatuba, tínhamos como vizinho o seu Antídio, que morava com uma irmã e a mãe na casa pegada à nossa. Era um solteirão de hábitos singulares de quem logo me fiz amigo. Trabalhava como técnico de rádio numa empresa; nas férias, não punha o nariz para fora de casa. Puxava um caixote de livros para junto da cama e passava os quinze dias de folga lendo. Só se levantava para as refeições.

Numa de suas férias, seu Antídio comprou a coleção completa de Machado de Assis e me emprestou vários volumes. No das *Poesias* encontrei a bela versão que Machado fizera de "O corvo", de Edgar Allan Poe. Como eu já conhecia os contos de detetive e de terror de Poe, através de uma tradução incluída na série de clássicos para a juventude, apressei-me a ler o poema. E me encantei com a figura fatídica do corvo a repetir seu "Nunca mais!", cada vez com um novo significado, para marcar o desconsolo pela perda da mulher amada, a desolação da viuvez e a irreparabilidade da morte. Sentimentos que o ritmo ora mais rápido ora mais lento dos versos; que a sonoridade lutuosa de certas palavras; que o poder encantatório do fatídico refrão iam progressivamente infundindo na alma do leitor.

Por sua vez, as reflexões, entre amargas e cínicas, entremeadas à desacidentada narrativa do *D. Casmurro* e das *Memórias póstumas de Brás Cubas* iriam mostrar-me que um romance não precisa estar recheado de situações de perigo nem ter necessariamente personagens de estatura heroica para prender a atenção do leitor. Claro que minha compreensão juvenil dessas duas obras-primas era ainda superficial. Mas as releituras das obras de Machado de Assis feitas ao longo dos anos de maturidade iriam enriquecê-la e aprofundá-la, a ponto de dar origem aos dois ensaios machadianos incluídos em *Gregos & baianos*, livro que publiquei em 1985.

As férias escolares eu as passava em Taquaritinga. O interesse pela poesia, que a tradução de "O corvo" despertara em mim, avivou-se com a leitura do *Eu e outras poesias*, de Augusto dos Anjos. Esse livro fundamental na minha formação literária me foi emprestado pelo Nélio, amigo de mais idade a quem fiquei devendo também o empréstimo de uma iniciação à psicanálise escrita por Gastão Pereira da Silva, um dos primeiros divulgadores de Freud no Brasil. Deslumbrei-me com a poesia de Augusto dos Anjos. Ela estava muito longe do convencionalismo dos poemas que nos eram impingidos pelos manuais de língua portuguesa. Sobretudo pelas famigeradas *Páginas flóridas* (*flóridas* mesmo, não *floridas*), de Silveira Bueno, com que fui supliciado nos cinco anos de ginásio.

A poesia de Augusto dos Anjos, com as suas angustiadas indagações sobre o sentido da existência humana, com as suas visões de pesadelo da morte e decomposição dos seres vivos, com seu esmiuçamento ora microscópico ora telescópico dos mistérios do universo, me impressionou profundamente. Comprei um tratado de versificação para aprender a fazer versos contando as sílabas nos dedos. E me pus a imitar desavergonhadamente os poemas cemiteriais do *Eu e outras poesias*. Embora, no vigor da puberdade, eu estourasse de saúde por todos os poros, nos versos que então escrevi só falava de doença e envelhecimento.

Nessa mesma época conheci Antônio Mendonça, que iria exercer decisiva influência intelectual sobre mim.

Casado, pai de três filhos, professor de educação física no ginásio, ele costumava aparecer de vez em quando, com o seu porte atlético e o seu sorriso largo, na livraria de meu avô. Quando lá me viu certo dia entretido a ler, puxou conversa. Falamos longamente de literatura e não tardamos a nos tornar bons amigos.

Eu ia visitá-lo quase todo dia na pequena casa de chácara que ele herdara da mãe. Tinha lá uma pequena mas bem sortida biblioteca e deu-me a ler os romances de Jorge Amado, de Máximo Gorki e de outros autores russos. Mais tarde, me emprestou o *ABC do Comunismo*, de Bukharin. Ex-sargento da Força Pública, conhecera na prisão vários intelectuais detidos pela polícia política do Estado Novo. Com eles alargara seus horizontes e adquirira um bom lastro cultural. Mendonça me abriu os olhos para os problemas sociais. Os livros de sua biblioteca revelaram-me aspectos da realidade do Brasil e do mundo acerca dos quais eu nada sabia. Mostraram-me também que, além de fazer pensar, a literatura "séria" muitas vezes denuncia, em nome da utopia, as mazelas do mundo. E a utopia é um dos sinônimos da esperança.

Outro amigo com quem Mendonça e eu conversávamos regularmente era Oswaldo Elias Xidieh, um professor de sociologia que tinha parentes em Taquaritinga e lá passava férias. Oswaldo notabilizou-se como folclorista com as suas preciosas *Narrativas pias populares* e seus artigos em jornais e revistas especializadas. Na juventude escreveu poemas cujos originais conservo até hoje. Planejávamos, naquele tempo, publicar um livro a quatro mãos reunindo composições de ambos. O livro não chegou a ser publicado, mas o projeto comum serviu, se mais não fosse, para solidificar uma amizade que dura até hoje.

Em Curitiba, em meados dos anos 1940.

Curitiba

Concluído o ginásio, eu tinha de decidir o que fazer dali por diante. Um curso universitário exigiria mais oito anos de estudo. Era demais para quem queria se livrar o quanto antes da dependência financeira para com o pai e cuidar de sua própria vida. Ainda que atraído pela literatura, nem de longe me passou pela cabeça cursar Letras, de onde sairia professor de português. Eu gostava de ler para me distrair e aprender, mas não gostava de escola. Achei então que um curso técnico de química seria uma boa opção. Seriam só mais quatro anos, sem necessidade de colegial*.

Consegui o programa dos exames de ingresso e me preparei sozinho para eles. Quinze dias antes da data marcada, vim para São Paulo e me hospedei numa pensão de estudantes da Major Sertório, perto do Colégio Mackenzie, cujo curso técnico de química era o melhor da época. Havia cinquenta e cinco vagas para cerca de quatrocentos inscritos. Os candidatos que tinham feito ginásio no próprio Mackenzie, por já lhe conhecerem o sistema de ensino, levavam considerável vantagem sobre os de fora. Fiz todas as provas, mas não consegui entrar. Era a minha primeira reprovação.

Não queria voltar para o interior; estava me adaptando bem à vida da cidade grande. Depois de alguns tombos vexatórios, aprendi a descer de um bonde em movimento, proeza que equivalia a uma espécie de batismo paulistano. Além disso, fizera amizade com os colegas de pensão e ali aprendera minha primeira lição de mundo ao perder toda a mesada do mês num jogo de pôquer. Desde então, nunca mais quis saber de jogo a dinheiro: tive de andar a pé o mês todo e me privar da incomparável alegria de percorrer os sebos da cidade para comprar livros a preço de ocasião.

* N.E.: Equivalente ao atual Ensino Médio.

Um desses livros foram os *Poemas proletários*, de Paulo Torres, autor hoje esquecido mas que naquela época era um dos precursores entre nós da poesia dita social ou engajada, a qual se propunha a fazer da palavra uma arma na luta contra a exploração capitalista dos trabalhadores da cidade e do campo. Os romances de Jorge Amado e de Máximo Gorki, bem como a doutrinação marxista de Bukharin, haviam preparado o caminho para que os *Poemas proletários* substituíssem o *Eu e outras poesias* como evangelho de imitação. Um acesso de autocrítica me fez, anos depois, rasgar toda a produção calcada nesses dois evangelhos. Guardei apenas um poema de cada um como testemunhos de *mea culpa*.

Para poder ficar em São Paulo eu tinha de arranjar o que fazer. Antônio Mendonça me apresentou a um amigo seu, o escritor Tito Batini, cujo romance sobre os dramas sociais que a construção da Estrada de Ferro Noroeste acarretara tinha alcançado sucesso de crítica. Fui ser uma espécie de secretário do Batini, pessoa boníssima. Ele agenciava publicidade para a revista *Hoje*, da Brasiliense, livraria e editora recém-fundadas, com sede na rua Dom José de Barros. A inauguração da livraria foi uma festa que reuniu numerosos escritores de São Paulo e do Rio. Maravilhado, pude então ver de longe, mas em carne e osso, autores a quem só conhecia e admirava por meio de livro, entre eles Monteiro Lobato e Jorge Amado.

Essa minha primeira residência em São Paulo foi interrompida pela notícia do agravamento do estado de saúde de meu avô. Voltei imediatamente para Taquaritinga. A morte de J. V. tornou a reunir a família e reencontrei o primo Marçal: convencido por ele, fui para Araçatuba tentar fazer o colegial. Como, porém, as matrículas estavam encerradas, resignei-me a ser apenas ouvinte, não aluno regular. Além das belas pernas da professora de desenho, nada mais me interessou no curso. E quando encontrei um ex-colega de ginásio que conseguira entrar no Instituto de Química do Paraná, onde os exames de ingresso não eram tão difíceis, decidi-me. No começo de 1944, lá estava eu rumando de ônibus para Curitiba, numa cansativa viagem de catorze horas por estrada não asfaltada.

Saí-me bem nos exames. Depois de enfrentar o trote dos veteranos, cabeça rapada feito monge tibetano e avental branco de laboratorista, iniciei finalmente o curso técnico. A matéria mais interessante era química analítica, pelas aulas práticas. Infelizmente, devido à guerra que impossibilitava a importação de reativos, vidraria e aparelhos, os laboratórios do Instituto deixavam muito a desejar. Em sua quase totalidade, as aulas eram teóricas, monotonamente teóricas. Recorrendo à mesma estratégia desenvolvida no ginásio, de estudar o mínimo indispensável para passar de ano, levei o curso até o fim sem dificuldades. A estratégia me garantia muito tempo livre para cuidar do que mais importava: literatura e política.

Para a prática de ambas, Curitiba dispunha de um local privilegiado — o Café Belas-Artes, na rua Quinze. Era o ponto de encontro de jornalistas, escritores, artistas plásticos, músicos, comunistas e pequenos corretores. Foi fechado logo depois de eu ter saído de Curitiba; perpetuei-lhe a lembrança numa "Balada do Belas-Artes", recolhida em *Prosas seguidas de Odes mínimas*:

Sobre o mármore das mesas
do Café Belas-Artes
os problemas se resolviam
como em passe de mágica.

Não que as leis do real
se abolissem de todo
mas ali dentro Curitiba
era quase Paris:

o verso vinha fácil
o conto tinha graça
a música se compunha
o quadro se pintava.

Doía muito menos
a dor de cotovelo,
nem chegava a incomodar
a falta de dinheiro.

Para o sedento havia
um copo de água fresca,
média pão e manteiga
consolavam o faminto.

Não se desfazia nunca
a roda de amigos;
o tempo congelara-se
no seu melhor minuto.

Um dia foi fechado
o Café Belas-Artes
e os amigos não acharam
outro lugar de encontro.

Talvez porque já não tivessem
(adeus Paris adeus)
mais razões de encontrar-se
mais nada a se dizer.

Além de mim, os membros mais assíduos dessa roda de amigos eram o poeta Glauco Flores de Sá Brito, o contista e crítico de cinema Armando Ribeiro Pinto e o jornalista e ensaísta Samuel Guimarães da Costa. Mais tarde, juntou-se a nós Eduardo Rocha Virmond, futuro crítico de arte, que disse haver sido o Belas-Artes "a melhor universidade que o Paraná jamais teve". Foi ali, no convívio com esses amigos de mais luzes culturais, que alarguei o campo dos meus interesses, da literatura até o cinema de arte, a pintura e a música modernas, e a filosofia.

Percebi então que é indispensável ao poeta um lastro cultural tão amplo e diversificado quanto possível. Só talento não lhe basta. Para que ele possa desenvolver suas virtualidades, necessita do estímulo tanto quanto da régua e compasso da cultura. Eles o incitarão a ampliar o repertório, a técnica e a visada de sua poesia, ao mesmo tempo que lhe fornecerão padrões de excelência para avaliar o nível do seu próprio desempenho. Comparando o que faz com aquilo que os grandes poetas fizeram, ele irá aprendendo a desenvolver o senso de autocrítica, única bússola capaz de o pôr no rumo certo. Elogios e censuras alheias jamais o farão escrever versos melhores. Para escrevê-los, ele terá de confiar no seu próprio juízo, corrigindo, mudando, rasgando, se necessário, o já-feito, até chegar ao melhor de que seja capaz.

Claro que tais ideias não me vieram à cabeça assim num relâmpago. Foram-se precisando ao longo do meu trabalho de criação, feito de dúvidas e intuições, erros e acertos, exaltações e desânimos. Que só serviram para me confirmar na resolução inabalável de que, fossem quais fossem as dificuldades, eu iria ser poeta, escritor. Nem que tivesse de levar a vida inteira para o conseguir. Mas eu era realista o bastante para me dar conta de que vocação e profissão nem sempre são caminhos coincidentes. Cada um de nós tem de descobrir formas de convivência entre uma e outra. A química me iria garantir a subsistência e nos intervalos que o seu exercício me deixasse é que eu poderia me dedicar à poesia e à literatura.

Mas voltando à roda do Belas-Artes: dos pintores que a ela se achegaram lembro-me de Ben Ami e Esmeraldo Blasi Jr. Através dos seus quadros de tendência surrealista, o argentino Ben Ami me iniciou nas teorias da pintura moderna. Quando viajei de férias, ele me pediu que levasse um óleo seu de presente a Jorge Amado, de quem era amigo. Assim que cheguei a São Paulo, fui até o apartamento do famoso escritor recém-chegado do exílio. Lá tive a sorte de encontrar também Dorival Caymmi, que almoçava com Jorge. Juntos preparavam o roteiro de um espetáculo à noite em favor da campanha pró-anistia aos presos políticos do Estado Novo. Fui convidado não só para almoçar como para ouvir Caymmi ensaiar depois algumas de suas mais belas canções praieiras. E, como se tanta honra não bastasse a um pobre marquês, ganhei entradas para o espetáculo da noite.

Para um poeta em embrião como eu, o encontro em Curitiba com alguém do talento de Glauco Flores de Sá Brito foi decisivo. Cordial e bem-humorado, ele me ensinou, pelo exemplo de sua artesania, não por via de explicações teóricas, o que fosse escrever poemas dignos do nome. Poemas que nele brotavam por assim dizer espontaneamente, frutos da intuição mais que da erudição. O contato com a poesia de Glauco me estimulou a tentar entender melhor os nossos poetas modernistas. Primeiro Manuel Bandeira, em seguida Carlos Drummond de Andrade e Murilo Mendes, cujos livros eu comprara nos sebos de São Paulo e trouxera para Curitiba num caixote. Esse caixote, juntamente com uma mala de poucas roupas, era todo o meu pecúlio de estudante pobre alojado em quartos de pensão, que tinha de dividir com mais um ou dois colegas.

Custei a descobrir aonde queriam chegar os nossos poetas modernistas com aqueles seus versos livres, sem rima nem métrica, onde se misturavam ideias e palavras amiúde destituídas de ligação lógica entre si, e que, em vez de falar a linguagem "elevada" da poesia romântica e parnasiana a que eu estava acostumado, falavam a linguagem rasteira de todos os dias. Eu lia e relia sem compreender bem o seu propósito. Certa noite de insônia, quando pela milésima vez me entregava a esse frustrante exercício de decifração, tive um estalo de Vieira. Num prodigioso átimo de compreensão, finalmente percebi aonde queriam chegar Bandeira, Drummond e Murilo. Voltei aos seus poemas e, verso por verso, fui-me dando conta de que um novo mundo, cheio de surpresas e revelações, se desdobrava progressivamente aos meus olhos.

Com aqueles fundadores da nossa modernidade poética, aprendi que poesia é ver as coisas do mundo como se fosse pela primeira vez e exprimir essa novidade de visão da maneira mais concisa e intensa possível, numa linguagem onde só haja lugar para o essencial, não para o acessório. Daí a eliminação de tudo quanto cheire a enfeite ou ornato, inclusive rima e métrica, se necessário for. Nunca mais esqueci essa lição fundamental; disso dá testemunho a dicção econômica das dezessete coletâneas de poemas que até hoje publiquei.

Bandeira me aguçou os olhos para a poesia à superfície do cotidiano, às vezes até num texto de publicidade ou numa notícia de jornal. O anúncio de um batom inspirou, aliás, o meu primeiro poema modernista. O *slogan* do anúncio, logo acima de dois voluptuosos lábios de mulher, muito rubros, dizia: "De boca em boca, dou a volta ao mundo". Essa frase me trouxe logo à lembrança a figura de Don Juan, o superamante que correra a Europa pulando de leito em leito. Copiei o *slogan* publicitário e, dando-lhe o título de "Don Juan", transformei-o em poema.

A roda de amigos do Belas-Artes trouxe-me as alegrias do companheirismo intelectual — a oportunidade de trocar ideias e experiências, de elaborar projetos comuns, de partilhar ilusões e desilusões com gente cujos modos de ver e de sentir são afins dos nossos. Tal intercâmbio traz fecundos estímulos para a criação artística, como está dito numa das estrofes da "Balada do Belas-Artes": "O verso vinha fácil/o conto tinha graça/a música se compunha/o quadro se pintava".

Os projetos comuns eram quase sempre de periódicos literários. O grupo conseguira editar uma revista, *Ideia*, que sacudiu um pouco a pasmaceira intelectual da cidade. Em meados dos anos 1940, Curitiba ainda não havia deglutido as inovações no campo das artes plásticas, da poesia e da prosa de ficção. Salvo umas poucas e honrosas exceções, seus poetas continuavam a rimar nos moldes parnasiano-simbolistas, seus prosadores eram românticos retardatários, e o academismo dos seus pintores não chegava sequer a ser medíocre. Desse academismo menos que medíocre só se salvavam uns poucos: Helvídia e Marcel Leite, Guido Viaro, Miguel Bakun e Poty, o grande desenhista.

Depois de *Ideia*, em que não cheguei a colaborar, o grupo fez os suplementos literários dos jornais *O Dia* e *Diário Popular* e da revista *O Livro*. Ali publicávamos nossos poemas, contos e artigos; ali divulgávamos ideias e autores modernos, de Mário de Andrade a Drummond e Vinicius, de Kafka a Sartre, de Cézanne a Picasso. Por essa mesma época, Dalton Trevisan — que anos mais tarde o crítico Fausto Cunha consideraria com justa razão um dos melhores contistas do mundo — lançou sua revista *Joaquim*. O *Joaquim* teve vida mais longa do que os nossos fugazes suplementos e foi a mais combativa revista da geração do pós-guerra. Prefiro essa designação às de geração neomodernista ou geração de 45.

Dalton não era do grupo do Belas-Artes, mas do da Livraria Ghignone, a que também pertenciam Wilson Martins e Temístocles Linhares. Nós nos aproximamos dele às vésperas do II Congresso Brasileiro de Escritores e passamos a colaborar no *Joaquim*. Fizemos frente comum com Dalton para dar uma rasteira nos velhotes acadêmicos e organizar uma delegação de escritores jovens. Escrevi certa vez que Curitiba era a cidade brasileira de mais acadêmicos por metro quadrado, e não estava longe da verdade. Naquele tempo, havia quatro ou cinco academias de Letras em funcionamento e seus membros representavam, no plano oficial, a intelectualidade do Paraná.

Quando nos arregimentamos para ir ao congresso, já nos podíamos considerar escritores de fato. Dalton tinha, publicados, dois ou três livros de ficção, que posteriormente renegaria. Quanto a mim, Armando e Glauco, saímos do ineditismo graças ao empenho do pintor Carlos Scliar. De volta da Itália, onde fora pracinha da FEB e de onde trouxera esplêndidos desenhos de guerra, ele passou alguns dias em Curitiba. Vinha acompanhado do romancista James Amado e de sua mulher, a poeta Jacinta Passos. Ficamos amigos dos três, e Scliar convenceu José Cury, proprietário da revista *O Livro*, a publicar em pequenos volumes — com capas, ilustrações e projeto gráfico do próprio Scliar — *Os gatos*, contos de Armando Ribeiro Pinto; *O marinheiro*, poemas de Glauco Flores de Sá Brito; e *O aluno*, poemas meus. Os três livrinhos saíram no começo de 1947 e meses depois, tendo alijado os acadêmicos da jogada, com passagens aéreas pagas pelo governo do Paraná, rumamos para Belo Horizonte. Lá se realizaria o congresso, e os escritores seriam hóspedes do governo de Minas.

Era nossa primeira, emocionante viagem de avião, e a semana que passamos em Belo Horizonte foi inesquecível. Lá conhecemos alguns dos monstros sagrados da literatura brasileira, entre eles José Lins do Rego, Carlos Drummond de Andrade, José Geraldo Vieira, Aníbal Machado, Otto Maria Carpeaux, Sérgio Milliet, Antonio Candido e — como esquecê-lo? — o Barão de Itararé, Aparício Torelly. Mas o melhor mesmo foi o encontro com os "novos" de outros

Estados, como o contista mineiro Murilo Rubião, o poeta cearense Aluísio Medeiros, o contista paraense Haroldo Maranhão, o romancista goiano Bernardo Élis, e tantos outros. Visitamos também a escola de arte de Alberto da Veiga Guignard, que ficou nosso amigo e nos mostrou alguns dos seus óleos e desenhos de tão lírica e alada pureza.

Terminado o congresso, passamos ainda dois dias no Rio, antes de regressar a Curitiba. James e Jorge Amado nos levaram até a Livraria José Olympio, tradicional ponto de encontro de escritores. Lá fui apresentado a Graciliano Ramos, que, pelo jeito, simpatizou comigo: convidou-me a acompanhá-lo a um café das proximidades. Sentados confortavelmente, ficamos mais de uma hora conversando de literatura. Longe de ser o homem fechado, de poucas palavras, que me haviam descrito, Graciliano era cordial sem derramamentos, e suas opiniões, ainda que demasiado categóricas, nada tinham de arrogantes. Fui testemunha inclusive do carinho ansioso e discreto com que foi ao encontro de seu filho Ricardo, desaparecido desde a noite anterior. Ricardo havia sido agredido pelos provocadores que invadiram a redação do jornal comunista onde dava plantão noturno. Depois de receber curativos e depor na polícia, ele fora à procura do pai na livraria José Olympio.

Jorge e James Amado nos levaram também ao ateliê do já então consagrado Candido Portinari, um homem baixinho, simples e acolhedor. Vimos ali alguns dos seus quadros e desenhos, entre eles um admirável retrato, recém-terminado, de João Candido, seu filho menino. De noite, telefonei a Otto Maria Carpeaux, crítico e historiador vienense que viera para o Rio refugiar-se da perseguição nazista e que, escrevendo diretamente em português, logo se destacara como o mais erudito colaborador dos suplementos cariocas. Eu queria apenas me despedir, mas ele insistiu em que eu fosse até seu apartamento. E sacrificou o serão de trabalho numa longa e estimulante conversa sobre livros e música. Mostrou-me duas preciosidades de sua biblioteca: um raríssimo exemplar de uma primeira edição de Kafka e um álbum manuscrito de crônicas e poemas juvenis inéditos de Carlos Drummond de Andrade, que recebera de presente do próprio poeta.

Por sugestão de Carlos Scliar, eu havia mandado a Drummond um exemplar do meu livrinho de estreia. Ele lhe acusou prontamente o recebimento numa carta amável mas severa. Nela dizia, entre outras coisas:

V. tem um sentimento poético indubitável, maneja o verso livre com bastante segurança rítmica, nunca resvala no mau gosto — mas v. ainda não me parece v., ainda se procura através dos outros, quando é dentro de v. mesmo que terá de se encontrar. [...] Seu livro, a começar pelo título, trai uma posição que significa fervor pela poesia, mas que conduz v. a desistir da invenção, ainda que defeituosa, para se comprazer na lição dos "mestres". [...] Para fugir aos modelos nacionais, leia os estrangeiros; é contrapeso excelente, e imitação por imitação, a dos últimos nos faz ir mais longe e nos universaliza mais, isto é, traz consigo mesma a possibilidade de libertação.

Ao escolher o título de *O aluno*, eu queria deixar claro o meu débito de iniciante para com alguns "mestres" citados no soneto homônimo que encerrava o livrinho:

São meus todos os versos já cantados:
A flor, a rua, as músicas da infância,
O líquido momento e os azulados
Horizontes perdidos na distância.

Intacto me revejo nos mil lados
De um só poema. Nas lâminas da estância,
Circulam a memória e a substância
De palavras, de gestos isolados.

São meus também os líricos sapatos
de Rimbaud, e no fundo dos meus atos
canta a doçura triste de Bandeira.

Drummond me empresta sempre o seu bigode.
Com Neruda meu pobre verso explode
e as borboletas dançam na algibeira.

A carta de Drummond, além de me estimular a aprender outros idiomas para poder ler "os estrangeiros" por ele recomendados — e mais tarde traduzi-los, inclusive —, deitou um pouco de água fria na minha vaidade de estreante. Vaidade havia pouco espicaçada pelo artigo elogioso com que Sérgio Milliet acolhera *O aluno*. O artigo saiu em *O Estado de S. Paulo* e acentuava a certa altura: "A originalidade dessa poesia de angústia, de inquietação está no contraste de sua forma muito sóbria, que assimilou lições nacionais e estrangeiras sem perda para o poeta de uma personalidade bem distinta da de seus mestres".

Ao apontar para a angústia e inquietação dos meus versos de principiante, Milliet implicitamente sublinhava o subjetivismo deles. Tal subjetivismo estava, no entanto, em aberta contradição com as exigências da ideologia que eu então professava. Sensível ao espírito dos anos de guerra e imediato pós-guerra, eu me voltara, como tantos jovens da minha geração, para as questões sociais. Como eles, cultuava o ideal de "um mundo só", onde, após tanta destruição e tanta brutalidade, finalmente pudesse prosperar uma sociedade igualitária. A derrota do nazifascismo e o fim da carnificina na Europa trouxeram, no Brasil, a anistia aos presos políticos, a queda do Estado Novo e a redemocratização do país. Com a libertação de Luís Carlos Prestes, o Partido Comunista voltara a se organizar legalmente.

Assisti em São Paulo, no Pacaembu, ao grande comício de Prestes e ouvi Pablo Neruda recitar o seu poema ao "gran capitán". Alistado no partido, distribuí panfletos, colei cartazes, pintei paredes com os nomes de seus candidatos à eleição. Mas a rigidez das suas diretivas e palavras de ordem não tardou a incomodar-me. Incomodava-me, em especial, a insistência dos stalinistas de, em nome de um suposto "realismo socialista", rebaixar a arte e a literatura a meros veículos de propaganda partidária. O subjetivismo dos meus poemas era uma forma de resistência a esse tipo de rebaixamento. E eu sonhava, sem saber como chegar a isso, com um tipo de conciliação entre arte e ideologia que superasse o rebaixamento propagandístico.

Mas o meu período curitibano ia-se aproximando do fim. No quarto e último ano do curso técnico de química tínhamos de escolher uma especialidade para fazer estágios práticos em laboratório e em indústria. Escolhi álcool e bebidas alcoólicas. O primeiro estágio foi no laboratório de enologia do Paraná. Ali eram analisadas não apenas as bebidas produzidas no Estado como também as importadas pelo porto de Paranaguá. De cada lote que ali chegasse, eram tiradas duas garrafas para análise. Usávamos apenas uma e levávamos a outra para casa. E assim, durante dois meses, os amigos da pensão onde eu morava puderam beber de graça os mais finos vinhos, licores, conhaques e uísques importados da Europa.

Para o estágio industrial escolhi, por uma questão de comodidade, a usina de álcool de cereais de Taquaritinga. E despedi-me dos amigos do Belas-Artes até o dia em que voltasse a Curitiba para pegar o diploma de químico técnico. Embora eu tivesse sido eleito orador da turma, desisti de comparecer à festa de formatura quando meus colegas resolveram colar grau de *smoking* alugado. Achei palhaçada demais para um militante de partido operário.

Em sua atividade preferida: a leitura.

O laboratório

O meu estágio industrial acabou dando em nada. Quando cheguei a Taquaritinga em julho de 1949, soube que, terminada a safra de cereais, a usina de álcool entrara em recesso até a safra do ano seguinte. Tentei arranjar estágio na usina de açúcar de uma cidade próxima, mas não consegui.

Tive de ficar em Taquaritinga mesmo e me virar como pudesse. Uma vez por semana, ia a pé até a usina e batia um papo com o administrador técnico. Ele ia me passando dados sobre os processos de fermentação e destilação fracionada, dados com base nos quais eu redigia relatórios mensais para o Instituto de Química. Com um pouco de imaginação, eu conseguia fazê-los convincentes o bastante para dar a ideia de uma proveitosa participação na azáfama de uma usina de álcool em plena atividade.

Os demais dias da semana eu os passava lendo. Depois do jantar, ia jogar sinuca com os amigos e terminávamos a noitada na segunda sessão de cinema. De volta a casa, eu retomava a leitura até de madrugada. Mamãe me levava uma xícara de café preto às oito, para eu acordar, espreguiçar-me, deliciar-me com a lembrança de não ter nada para fazer, e tornar a dormir. Essa vida de vagabundagem durou até fins de outubro, quando uma prima de São Paulo, a Carmem, escreveu dizendo que, por intermédio de um amigo, me conseguira emprego numa indústria farmacêutica. Arrumei a mala e me mandei imediatamente para São Paulo.

Na sede da indústria, tive o desapontamento de saber que o emprego era de vendedor-propagandista. Falei ao gerente de vendas do meu interesse em trabalhar como químico. Por sorte, o farmacêutico responsável pela indústria, José Cândido Fischer, que também cuidava do laboratório de controle, estava precisando de um auxiliar. Depois de rápida entrevista, admitiu-me como estagiário. Com uma severidade bem-humorada e boa dose de paciência, ele foi me ensinando o beabá da análise farmacológica. Desde lavar uma bureta ou preparar uma solução decinormal até fazer micropesagens em balança de precisão ou operar um espectrômetro. O fato de o laboratório ter-se transformado, do lugar de sonho da meninice, no lugar de trabalho da juventude não lhe tirou nada do encanto. Ainda hoje, com suas fileiras de frascos de reativos, suas bancadas de ladrilhos brancos e sua vidraria de formatos caprichosos, continua a ser para mim o espaço mítico da descoberta dos segredos da natureza.

Fui um aluno aplicado do professor Fischer. Três meses depois, efetivavam-me no cargo de analista, com um salário mensal de oitocentos cruzeiros. Um dinheirão para quem tinha de pagar quatrocentos cruzeiros por cama, comida e roupa lavada. Era o que cobravam as duas pensões onde morei até 1952 — uma na Lopes Chaves, duas casas adiante da casa de Mário de Andrade, a outra na Veiga Filho, pertinho da indústria. O que me sobrava a cada mês dava folgadamente não só para o cigarro, o cinema e as ocasionais escapadas à "zona", como sobretudo para a compra de livros.

Além dos sebos de outrora, passei a frequentar a recém-fundada Livraria Francesa, na Barão de Itapetininga. Ali encontrava as últimas novidades editoriais de Paris a preços módicos; a moeda brasileira — bons tempos! — estava bem cotada em relação ao dólar. Comecei também a comprar livros ingleses na Livraria Pioneira; dei-me, inclusive, ao luxo de adquirir um toca-discos e ir formando uma pequena discoteca de música erudita. Para escrever, só me sobravam os fins de semana, que eu cuidava de aproveitar até as quatro da tarde, quando ia ao encontro dos amigos num barzinho da avenida São Luís. Amigos que eram poetas e jovens como eu — Milton de Lima Sousa, Domingos Paoliello, Arruda Dantas, Cyro Pimentel.

Através de Cyro, me aproximei do grupo do Clube de Poesia, em que pontificavam Domingos Carvalho da Silva e Péricles Eugênio da Silva Ramos, corifeus da chamada geração de 45, que começava a se afirmar e à qual, pela fatalidade da data do meu livro de estreia, eu pertencia como rebento meio tardio. O clube promovia regularmente palestras e debates no auditório do Museu de Arte Moderna, o mesmo onde a Cinemateca exibia filmes de Griffith, Eisenstein e outros clássicos. O museu ficava no coração comercial e cultural da cidade, na região compreendida entre o largo do Arouche e a praça da Sé e as avenidas São João e São Luís, a região dos teatros, dos principais cinemas, lojas e livrarias, hoje chamada "centro velho", menos pela antiguidade, penso eu, que pelo estado de deterioração.

Nessa mesma época, fiz duas grandes amizades intelectuais. Diretor da filial paulista da Editora Globo, Edgard Cavalheiro conhecia toda a gente no mundo da literatura. Fui-lhe apresentado por minha prima Carmem e em pouco me tornava conviva da sua casa na Aclimação, mais tarde no Brooklin Novo. Na da Aclimação encontrei certa vez Monteiro Lobato. O velho escritor de bigodes encanecidos e sobrancelhas de taturana acabara de doar seu arquivo pessoal a Edgard, que lhe iria escrever a biografia. Conversei mais de duas horas com Lobato e o fiz dar boas risadas com a narrativa das trapalhadas de um editor curitibano a quem ele conhecera de vista. Outra casa que passei também a frequentar quase toda noite foi a do pintor Oswald de Andrade Filho e de sua mulher, Laide. Oswald Filho era chamado de Nonê pelos familiares e amigos. Foi o melhor sujeito que conheci neste mundo de Deus. Anos depois de sua morte, sonhei que ele era São Francisco de Assis e estava me levando à casa de seu pai. Foi assim que o fixei em "Prosa para Miramar", um dos poemas oníricos das *Prosas seguidas de Odes mínimas.*

O Miramar, no caso, é o herói das *Memórias sentimentais de João Miramar,* romance em que o Oswald de Andrade dos anos 1920 pôs tanto de si e de sua vida. Conheci Oswald pai em casa de Nonê, que lhe estava pintando o retrato. Era um homem gordo, vivaz, polêmico, sempre com um dito mordaz na ponta da língua. À altura em que o conheci, vivia numa espécie de ostracismo. Rompera com o Partido Comunista, e os rapazes da geração de 45, preocupados com a "nobreza" de expressão, não viam com bons olhos a irreverência e o à-vontade coloquial dos versos livres com que ele revolucionara a poesia brasileira.

Eu não tinha ficado de todo imune aos pruridos de "nobreza" dos meus coetâneos de geração. Cheguei a escrever uma série de sonetos recheados de medusas, hipocampos e outros penduricalhos marítimos postos em moda pela vertente principal de 45. Mas diante da crítica feroz de Carlos Scliar, a quem os mandei para apreciação, desisti de publicá-los. Após a desistência, fiquei no ar, sem saber o que fazer; nesse momento, foi providencial o encontro com o velho Oswald. Ele me deu de presente um exemplar da preciosa e rara edição das *Poesias reunidas O. Andrade.* Através desse livro, tomei contato com o humor moleque dos epigramas de *Pau-Brasil* e do *Primeiro caderno de poesia do aluno Oswald de Andrade* e com o lirismo sofrido do *Cântico dos cânticos para flauta e violão.* E esse humor e esse lirismo me abriram novas perspectivas.

Oswald me convidou um dia para almoçar e discutir *A crise da filosofia messiânica,* tese com que pretendia concorrer a uma cátedra de Filosofia na Universidade de São Paulo. Ele me sabia marxista, ainda que bisonho, e como a sua tese propunha uma revisão "antropofágica" de certas formulações de Marx, viu em mim um sofrível *sparring* com que treinar para o futuro debate acadêmico. Maria Antonieta d'Alkmin, a inspiradora do *Cântico dos cânticos para flauta e violão*, sua sétima esposa e musa definitiva, nos serviu um lauto almoço, após o qual nos enfiamos na biblioteca e ficamos a bater boca até o fim da tarde. Fraco e inexperiente adversário, não consegui aparar os golpes da dialética brilhante e sarcástica de Oswald. Mas consegui irritá-lo o suficiente para ele me chamar a horas tantas de "rapazola petulante". Essa frase me deu a cálida certeza de que, apesar de fragorosamente derrotado, eu conseguira lhe acertar alguns golpes.

O concurso para provimento da cátedra de Filosofia não chegou a realizar-se, mas Oswald mandou imprimir sua tese e me deu um exemplar com dedicatória: "A José Paulo Paes, poeta da *jeunesse dorée*, ao talento sem dor mas felizmente com Dora, o abraço de fé do Oswald de Andrade". A Dora dessa dedicatória era minha noiva Dorinha Costa, primeira bailarina do Teatro Municipal, de quem Oswald e Nonê logo se tornaram também amigos. Conheci-a através da prima Mana, sua colega na escola de balé de Maria Olenewa. Quando lhe fui apresentado, achei-a linda, mas petulante; ela, por sua vez, me achou anêmico e antipático. Dias depois éramos namorados e meses mais tarde noivos. O amor tem, realmente, estranhos caminhos.

No palco, dançando, a figura miúda de Dora se transfigurava, ganhava uma agilidade de gazela e uma leveza de libélula. Aos dezoito anos, quando a conheci, era tida como uma das grandes revelações do balé brasileiro. Ganhou bolsas de estudo para o exterior e recebeu convites para atuar em companhias europeias, mas não pôde viajar devido a problemas de ordem familiar. Seu sonho era criar coreografias modernas. Não encontrando condições para isso na escola de Olenewa, de quem era assistente, deixou-a para fundar o Grupo Experimental de Balé. O grupo teve vida curta, mas marcou presença num espetáculo em 1951. Sobre composições de Fauré e Camargo Guarnieri, que regeu a orquestra do

Teatro Municipal e o Coral Paulistano, Dora criou coreografias inovadoras. Os cenários eram de Flávio de Carvalho e os figurinos de Oswald de Andrade Filho.

Nonê era naquela altura diretor do Teatro Municipal e, graças a ele, pudemos ali assistir a Barrault, Lifar, Katherine Dunham e outros artistas e companhias estrangeiras. Aos sábados, eu e Dora namorávamos no Nick Bar, ao lado do Teatro Brasileiro de Comédia. Como o Grupo Experimental de Balé não conseguisse sobreviver, ela passou a dar aulas em Ribeirão Preto, para onde viajava toda semana. E eu continuava como analista de laboratório na mesma indústria, juntando dinheiro para os móveis e o aluguel da casa onde iríamos morar quando casados.

Através de Edgard Cavalheiro, eu me relacionara com vários escritores paulistas seus amigos — Lygia Fagundes Telles, Helena Silveira, Ruth Guimarães, José Geraldo Vieira, Araújo Nabuco, Fernando Góes, Mário Donato. Passei a colaborar com artigos e poemas no *Jornal de Notícias*, secretariado por Fernando Góes, e em *O Tempo*, cujo suplemento literário era dirigido por Mário Donato. As colaborações, pagas, ajudavam na poupança para o casório. Quando Dora aniversariou em fevereiro de 1952, meu presente foi *Cúmplices*, uma plaquete que reunia os poemas de amor por ela inspirados. A partir daí, passei a dedicar-lhe todos os meus livros de poesia. A edição da plaquete, fora de comércio, constava de apenas cinquenta exemplares ilustrados pelo Nonê. Amigo providencial e incansável, ele fez a lápis de cera nada menos de cem desenhos em cor, dois para cada exemplar.

Os poemas dessa plaquete davam um passo à frente em relação aos de *O aluno*. Ainda que, no esforço de consorciar a efusão lírica com as preocupações sociais, alguns poemas traíssem certo influxo do Oswald de Andrade do *Cântico dos cânticos para flauta e violão* e do Paul Éluard dos "Sete poemas de amor em tempo de guerra", creio que já faziam ouvir um tom de voz distinto. Como em "Poema circense", por exemplo:

Atirei meu coração às areias do circo como se atira ao mar uma âncora aflita. Ninguém bateu palmas. O trapezista sorriu, o leão farejou-me desdenhosamente, o palhaço zombou de minha sombra fatídica.

Só a pequena bailarina compreendeu. Em suas mãos de opala, meu coração refletia as nuvens de outono, os jogos de infância, as vozes populares.

Depois de muitas quedas, aprendi. Sei agora vestir, com razoável destreza, os risos da hiena, a frágil polidez dos elefantes, a elegância marinha dos corcéis.

Todavia, quando as luzes se apagam, readquiro antigos poderes e voo. Voo para um mundo sem espelhos falsos, onde o sol devolve a cada coisa a sombra natural e onde não há aplausos, porque tudo é justo, porque tudo é bom.

Mandei um exemplar do livro a Jorge de Lima, sobre cuja *Obra poética* eu tinha escrito em *O Tempo*. E dele me veio, dias depois, um bilhete: "Agradeço-lhe o artigo sobre o meu livro. Acabo de receber o grande *Cúmplices*. Li-o sem poder parar. O poema 'Pequeno Retrato' é tão belo que eu desejaria tê-lo feito. Parabéns. E um abraço afetuoso e grato". Meses depois, Jorge veio a São Paulo e me telefonou. Junto com Dora fui vê-lo no hotel. Era um homem espigado, de pele acobreada, amistoso e risonho. Quando o deixamos, Dora comentou que ele quase tivera de sentar-se no meu colo para poder me ouvir. Costumo falar baixo e, distraído que sou, nem me dei conta de que a audição do grande poeta não era das melhores.

Um pouco antes, eu havia conhecido outro grande poeta. De passagem por São Paulo, Murilo Mendes me convidou para ir jantar com ele. Eu lhe enviara o meu livrinho de estreia e, no bilhete simpático com que o agradeceu, pedia-me que lhe mandasse também um retrato meu. Achei bizarro o pedido, mas o atendi prontamente. Eu sabia de algumas histórias que corriam a respeito das suas extravagâncias, como atirar uma galinha viva sobre uma cantora lírica em pleno palco. Quando fui ao seu encontro no saguão do hotel, dei, para minha surpresa, com um homem alto, de expressão séria e algo de monástico na aparência. Pelo jeito, as extravagâncias eram coisa do passado. Murilo estava acompanhado da mulher, Maria da Saudade Cortesão. O modo carinhoso e desafetado com que o casal me tratou durante esse encontro deixou-me a melhor das recordações. Perguntei então a Murilo por que ele pedira o retrato. "Para ver se sua cara estava de acordo com a sua poesia. Felizmente estava", respondeu ele com um sorriso maroto.

Dora e eu nos casamos em 1952. Passamos uma semana de lua de mel na praia de Itanhaém e de volta já fomos para uma casinha alugada no bairro de Santo Amaro, a poucas quadras das novas instalações do laboratório farmacêutico onde eu trabalhava. Dora conseguiu arranjar com jeito os poucos móveis que possuíamos e tornar a casinha acolhedora. Havia, inclusive, um gabinete de trabalho para mim, com escrivaninha e estantes, um luxo para quem até então guardara seus livros em caixotes e escrevera em mesas de refeitório. Só não tínhamos fogão, mas, com um fogareiro a álcool, uma fôrma elétrica para bolos e uma invejável capacidade de improvisação, Dora fazia milagres na cozinha.

Ainda que vivendo num bairro afastado, preso a obrigações de trabalho, eu tinha alguns contatos com a vida literária da cidade. Entrei para a seção paulista da Associação Brasileira de Escritores e fui eleito secretário. Nas reuniões da ABDE fiz novos amigos, como Antônio d'Elia, Rolando Roque da Silva, Antônio Rangel Bandeira, Marcos Rey. Participei também como palestrante dos cursos de literatura promovidos pela associação. Assim, ia levando adiante o meu sonho de ser escritor e conciliando os caminhos divergentes da vocação e da profissão. Foi o que, com certa nostalgia, observou um ex-colega meu do Instituto de Química, que um dia veio nos visitar em Santo Amaro; ele também tivera as suas fumaças literárias, mas delas cedo abdicou sob a pressão da chamada vida prática.

Um ano depois de instalados na casinha de aluguel, eu e Dora encontramos um terreno à venda perto do laboratório. Conseguimos comprá-lo a prestações. Quitada a dívida ao fim de vinte e quatro meses, arranjamos um pedreiro e começamos a construir a nossa casa. Ao longo dos anos, através de pequenas reformas, fomos lhe dando a aparência com que originariamente a sonhamos. Hoje, cada canto, cada objeto, cada móvel dela guarda um pouco de nossa história de vida — esperanças partilhadas a dois, dificuldades vencidas a dois, perdas sofridas a dois. Como está dito num dos poemas de *Cúmplices*:

Nossa vida
Construímos
A cada passo,
A cada minuto,
A cada esquina
De mãos unidas.

Em nossos primeiros anos de casados, tivemos perdas sucessivas. Meu pai morreu em Taquaritinga no mesmo dia em que aqui em São Paulo morria Oswald de Andrade. Depois foi a vez de Edgard Cavalheiro. E nossa única filha não chegou a viver para ser batizada com o nome arcádico que pretendíamos dar-lhe. Em sua memória escrevi uma canção de ninar, "Nana para Glaura", recolhida em *Prosas seguidas de Odes mínimas*:

Dorme como quem
porque nunca nascida
dormisse no hiato
entre a morte e a vida.

Dorme como quem
nem os olhos abrisse
por saber desde sempre
quanto o mundo é triste.

Dorme como quem
cedo achasse abrigo
que nos meus desabrigos
dormirei contigo.

Mas esse poema é bem posterior aos anos 1950, época em que me debrucei sobre obras em torno da formação histórica e social do Brasil: os cronistas coloniais, Gilberto Freyre, Caio Prado Júnior, Alcântara Machado, Capistrano de Abreu. Do influxo dessas leituras nasceu um ciclo de poemas a que dei o nome de *Novas cartas chilenas*. O ciclo focalizava momentos-chave da nossa história, do Descobrimento ao Tenentismo, sob uma ótica crítico-irônica que buscava infundir significância ideológica ao poema-piada de 1922. Dessa ótica é ilustrativo "A cristandade":

Padre açúcar
Que estais no céu
Da monocultura,
Santificado
Seja o nosso lucro,
Venha a nós o vosso reino
De lúbricas mulatas
E lídimas patacas,
Seja feita
A vossa vontade
Assim na casa-grande
Como na senzala.
O ouro nosso
De cada dia
Nos dai hoje
E perdoai nossas dívidas
Assim como perdoamos

O escravo faltoso
Depois de puni-lo.
Não nos deixeis cair em tentação
De liberalismo,
Mas livrai-nos de todo
Remorso, amém.

Esse ciclo de poemas foi publicado sob o pseudônimo de Doroteu Critilo na *Revista Brasiliense*, com uma nota prefaciatória de S. B. H. (Sérgio Buarque de Holanda) chamando a atenção para os "metros quase sempre breves e ágeis" que nas *Novas cartas* substituíam "os decassílabos sensaborões que se arrastavam numa triste monotonia" nas *Cartas* de Critilo.

Nos onze anos em que trabalhei na indústria farmacêutica, fui promovido duas vezes. As promoções, embora trouxessem aumentos salariais, tiveram o inconveniente de trocar o delicado trabalho manual no laboratório de análises por tediosos cálculos de homens/horas no departamento de produção e tediosas previsões de mercado no departamento de vendas. Enquanto o trabalho laboratorial me deixava a cabeça livre para a criação poética, o burocrático a enchia de estatísticas prosaicas. Além disso, o aumento de responsabilidades me obrigava a fazer horas extras todos os dias e a sacrificar as folgas de sábado. Tinha razão o escritor Osman Lins, quando funcionário do Banco do Brasil, de recusar as promoções que lhe pudessem roubar qualquer parte do tempo dedicado à literatura.

Como se não bastasse o excesso de trabalho, comecei a sofrer de um distúrbio circulatório nas pernas que me dificultava andar. De comum acordo com Dora, resolvi dar uma guinada na vida, procurar uma atividade profissional mais consentânea com a minha vocação. Acabei arranjando emprego numa editora de livros para a qual, por intermédio de Edgard Cavalheiro, eu já havia feito trabalhos avulsos. Ia receber menos da metade do que então ganhava, mas, em compensação, teria a parte da manhã livre para cuidar da minha literatura.

Exercendo seu trabalho de editor.

A passagem

Como durou perto de vinte anos, minha passagem pela indústria brasileira do livro foi, a rigor, uma longa estada. Prefiro contudo chamar-lhe passagem por não ter acrescentado grande coisa à minha folha corrida de escritor. Digo escritor, e não poeta, porque poesia não é profissão. É uma vocação, uma paixão, uma mania se quiserem, mas nada tem a ver com a luta pela subsistência: dificilmente um poeta conseguiria viver dos ganhos auferidos com a publicação dos seus versos. Já o escritor, profissional das letras, tira do ofício de escrever os proventos com que se mantém.

Entrei para uma editora iludido; dela saí aliviado. Eu ingenuamente supunha que, ali trabalhando, estaria com pelo menos um pé na literatura a que sonhava me consagrar em tempo integral. Ledo engano. Quem cuida dos livros dos outros não tem tempo para cuidar dos seus próprios. Pior ainda, arrisca-se a perder o pique para escrevê-los. Os valores que norteiam a atividade de uma empresa comercial — e toda editora necessariamente o é — nem sempre, talvez se dissesse melhor, raras vezes, coincidem com os valores a que visa a criação literária. Em outras palavras: os livros de alto mérito artístico e cultural não são os preferidos e comprados pelo grande público, o qual se deixa antes fascinar pela aura publicitária dos *best-sellers*, por mais medíocres que sejam.

Durante os anos em que trabalhei numa editora, senti na consciência o doído aguilhão desse conflito de valores. Quantas vezes não tive de dizer a um autor cujos originais me pareciam dignos de publicação que não os poderíamos editar por serem pouco viáveis comercialmente falando. Embora eu estivesse à frente de um departamento editorial, não dispunha de poder decisório. A palavra final quanto à publicação do que quer que fosse era sempre dada pela direção da empresa. Por isso, quando o noticiário de imprensa me chamava de editor, eu me sentia melindrado, como um bancário a quem chamassem banqueiro. Eu não era editor, era editorário.

Quando assumi o novo emprego, sabia pouquíssimo de editoração. Mas a experiência administrativa ganha na indústria farmacêutica ajudou bastante. Como a editora era nova e pequena, não tinha ainda departamento editorial. Coube-me organizá-lo pelo velho método de erros e acertos. Tornei-me aos poucos uma espécie de homem dos sete instrumentos. Redigia toda a correspondência em português, inglês e francês; examinava os livros a serem editados ou traduzidos e sobre eles opinava; cuidava dos contatos com autores e tradutores; supervisionava a seção de revisão; planejava as séries e coleções a serem lançadas; preparava os textos promocionais das abas ou orelhas dos livros; orientava os desenhistas quanto às ilustrações e artes-finais das capas; escrevia os *press releases* e intermediava os contatos com a imprensa; diagramava os originais antes de enviá-los à gráfica e acompanhava o trânsito de provas.

O meio período livre que me sobrava para cuidar da minha própria literatura acabou sendo invadido por obrigações alheias a ela. Cedo a necessidade econômica me forçou a trazer serviço para casa. Serviço de tradução, as mais das vezes. Nos meus vinte e tantos anos de labuta editorária, traduzi ou revisei perto de uma centena de livros, uns poucos do francês, os demais do inglês. Algumas dessas traduções me deram prazer intelectual; a maioria não passou de fastidioso dever que cumpri o melhor que pude. Ainda mais fastidiosa e frustrante era a correção de traduções malfeitas: trocava-se o mau pelo simplesmente sofrível. De tanto traduzir e remendar, terminei por adquirir uma certa proficiência que mais tarde seria usada em labores menos ingratos.

Adquiri também um certo gosto pelo estudo de línguas estrangeiras. Além do francês e inglês ginasianos, consegui aprender por conta própria uns rudimentos de italiano e alemão. O espanhol não precisei estudá-lo: o falante lusófono (como dizem pedantemente os portugueses) o lê sem grande dificuldade. Posteriormente, eu iria voltar-me para o grego moderno e antigo e espanar o pó das poucas noções de latim que me ficaram das duas últimas séries do secundário. Ainda hoje, quando me sobra um tempinho, aproveito-o para me iniciar na gramática do holandês e do dinamarquês, com vistas a poder ler duas antologias poéticas que precavidamente trouxe comigo de Amsterdã e Copenhague.

Eu seria no mínimo injusto se dissesse que a passagem pela editora só me trouxe frustrações. Trouxe também algumas satisfações. Por exemplo, as amizades duradouras que fiz com autores por ela publicados, entre eles Massaud Moisés, Alfredo Bosi e Wilson Martins. Um bom amigo que costumava aparecer na editora quando vinha a São Paulo era Marques Rebelo. Com seu bigode fino sob o nariz de batata e seus miúdos olhos de verruma, Rebelo era tido como a pior língua do Rio de Janeiro. Nunca esqueci uma noite na casa de Araújo Nabuco e Dulce em que ele nos deu as chaves de *O espelho partido*, um romance em vários volumes que a morte o impediu de terminar e onde, sob nomes reais ou fictícios, caricaturava impiedosamente as figuras de proa da vida literária carioca.

Outra das minhas satisfações editorárias foi o dicionário de literatura brasileira que organizei em colaboração com Massaud Moisés e para o qual escrevi numerosos verbetes. Outra, ainda, a série de obras de linguística e história e teoria literária cuja publicação foi iniciativa minha. A editora também lançou três livros de poemas meus. Não porque fossem mais vendáveis que outros por ela recusados, mas como uma forma de reconhecimento dos bons serviços por mim prestados, ou como um gesto de amizade por quem os prestava. Em 1961, com capa de Aldemir Martins, saíam os meus *Poemas reunidos*.

Ali figuravam, ao lado de *O aluno*, *Cúmplices* e *Novas cartas chilenas*, uns *Epigramas* onde eu buscava universalizar o enfoque crítico-irônico que as *Novas cartas* haviam restringido a matéria brasileira. O título de um dos epigramas mais radicais, "Ivan Ilitch, 1958", aludia a um personagem de Leon Tólstoi cujo desencanto do mundo eu tornava emblemático da vacuidade da vida contemporânea. Não há um só verbo ao longo desse poema. Há, isto sim, uma sucessão de substantivos que vão ponteando o curso de vida de um executivo de nossos dias, sendo o escoar impiedoso do tempo marcado pelo refrão "Adeus, adeus". Transcrevo a estrofe final:

Horas, dias,
Meses, anos,
Cãs, enganos,
Desenganos,
Vácuo, náusea,
Cipreste, olvido.
Há Deus? adeus.

Essa linguagem condensada e substantiva iria se radicalizar no meu livro seguinte, *Anatomias*, cuja capa e ilustrações eram do pintor dinamarquês Moby. À altura em que *Anatomias* saiu publicado, 1967, eu havia estabelecido contato com os criadores do movimento de Poesia Concreta: Augusto e Haroldo de Campos e Décio Pignatari. Quem me aproximou deles foi um dos autores da casa, Cassiano Ricardo. De pronto me atraiu, nas técnicas da poesia concreta, a extrema condensação de sentidos alcançada pela eliminação, total ou parcial, das conexões gramaticais, já que a atenção do poeta se voltava para a palavra em si, não para a sucessão delas no verso. Por outro lado, a exploração do branco da página como recurso de construção fazia com que as palavras ou fragmentos de palavras ali disseminados ganhassem ênfase e ressonâncias.

O uso de algumas das técnicas concretas trouxe maior agudeza aos meus epigramas. Recorri, por exemplo, à enumeração repetitiva para parodiar o convencionalismo moralista do "Se", de Rudyard Kipling, traduzido em português por Guilherme de Almeida. O título da paródia, "Kipling revisitado", fala por si:

se etc.
se etc.
se etc.
se etc.
se etc.
se etc.
se etc.

serás um teorema
meu filho.

Anatomias mereceu artigos de louvor e de censura. J. Herculano Pires, colunista de livros do *Diário de São Paulo*, foi um dos que se escandalizaram com as suas novidades formais: "Paulo Paes não faz poesia, nem pensa, nem cisma com poesia. [...] Distribuídas no chamado espaço poético, essas palavrinhas brincam de poesia e de artes plásticas. [...] Claro que essa anatomia é patológica".

Aproveitei sua opinião desfavorável nas orelhas ou abas do meu livro seguinte, *Meia palavra*, de 1973. Contrariando o costume dos autores e editores de só transcrever nas orelhas juízos elogiosos, optei por alterná-los com juízos depreciativos. E o conflito de opiniões como que apontava, sarcasticamente, para os desconcertos da crítica. Numa carta que me escreveu após receber *Meia palavra*, o crítico

Fausto Cunha dizia achar melhor não se pronunciar sobre ele para não ser metido nessa ciranda de incompreensões nas orelhas do meu próximo livro...

O título *Meia palavra* aludia ao clima de repressão instaurado pelo regime militar de 1964, época em que era preciso ter cuidado com a língua e com a pena. Mas, através de subentendidos e indiretas — ou seja, de meias-palavras —, a poesia sempre conseguiu se esgueirar pelas malhas da rede da censura. É o caso, entre outros, do poema visual com que se abria o meu livrinho. Um poema que não foi feito, mas achado. Durante a construção do metrô de São Paulo, interditou-se a avenida da Liberdade. Uma placa de trânsito anunciava em letras garrafais "Liberdade interditada". Mandei fotografar a placa e incluí a foto no livro como uma espécie de imagem alusiva aos tempos de sufoco que estávamos vivendo.

O acaso pode fornecer, ao poeta de olhos e ouvidos bem abertos, poemas já prontos, mas que têm de ser colhidos na hora para não se perder irremediavelmente. É o caso de outro poema visual meu incluído em *Resíduo*, livro de 1980.

Certo dia, olhando pela janela do ônibus que diariamente me levava ao trabalho, tive a atenção despertada pelo letreiro de uma loja de pneus. A primeira letra e parte da segunda letra do letreiro haviam sido roídas pelo tempo. De tal modo que, em vez de "pneus a crédito", lia-se nele "eus a crédito" ou, com o que sobrara da segunda letra, talvez "deus a crédito". Num domingo, fui até lá, fotografei o letreiro e dei um título à foto: "*Outdoor* para igreja e/ou consultório de psicanalista". O curioso é que na segunda-feira, quando voltei a passar pela loja de pneus, o letreiro estava sendo repintado: minha colheita fora feita na hora certa.

No mesmo ano em que entrei para a editora, 1961, eu estreava como ensaísta com *Mistério em casa*, um volumezinho publicado pelo Conselho Estadual de Cultura e que reunia artigos sobre autores brasileiros que eu vinha divulgando na imprensa. Desde os primeiros ensaios que escrevi, esse gênero tem sido para mim uma via de criação tão estimulante quanto a poesia. Enquanto nesta avulta o trabalho com as palavras e suas caprichosas combinações, no ensaio avultam as aproximações de ideias aparentemente incongruentes para gerar novos pontos de vista. Sobretudo no campo da análise e interpretação literária, conforme acentuo no prefácio de *Transleituras*, meu mais recente volume de ensaios.

Junto com *Mistério em casa*, saía também *Os poetas*, coletânea de biografias curtas que escrevi de encomenda para uma série de divulgação da editora. Custou-me terminá-la. Um começo de gangrena na perna direita, com dores agudas que os analgésicos mal conseguiam aliviar, manteve-me meses preso em casa. Nesse período de dificuldades, pude felizmente contar com todo o apoio da empresa; por sua vez, uma amiga solícita, Ruth Guimarães, se prontificou a cuidar do expediente no departamento editorial. Eu aproveitava os momentos de abrandamento das dores para completar *Os poetas*. Coincidência no mínimo sinistra: faltava-me apenas escrever a biografia de Heinrich Heine, poeta alemão que compôs seus últimos poemas em meio às dores atrozes de uma atrofia muscular progressiva...

Uma intervenção cirúrgica para restabelecer a circulação nas pernas livrou-me finalmente da gangrena. Voltei à vida ativa, embora com restrições. A pior foi a proibição de fumar. Como me habituara a escrever com um cigarro pendurado à boca, passou a ser um suplício redigir sem ele. Tampouco eu me sentia motivado a escrever. Por vários anos, afora um ou outro poema ocasional, nada produzi digno de menção, só trabalhos de rotina para a empresa.

Em meados dos anos 1970, num esforço de vontade, consegui superar o marasmo. Reli de lápis na mão, tomando nota das sugestões que me iam ocorrendo, a obra de Sosígenes Costa, poeta modernista baiano pelo qual tinha especial predileção e cujos versos, pouco conhecidos, me haviam sido apresentados por um amigo dele, James Amado.

Dessa releitura resultou um estudo, *Pavão parlenda paraíso*, editado em 1977 com o apoio de uma entidade cultural do sul da Bahia. Essa mesma entidade me convidou a lançar o livro em Itabuna e Ilhéus, lançamento a que estariam também presentes Jorge e James Amado. Durante a sessão de autógrafos, Otávio Marinho da Costa, irmão de Sosígenes, veio entregar-me uma maleta de papelão com os papéis deixados pelo poeta, falecido no Rio em 1968. Um rico presente: dentro dela achei mais de cinquenta poemas inéditos, inclusive *Iararana*, uma longa e saborosa narrativa em versos da chegada do cacau ao sul da Bahia. Com o apoio financeiro de duas outras entidades, consegui publicar uma edição consideravelmente ampliada da *Obra poética* de Sosígenes Costa e, em volume separado, o texto integral de *Iararana*. Orgulho-me dessas duas edições, que repuseram em circulação a obra do extraordinário poeta, o maior da Bahia depois de Castro Alves.

A ida à Bahia incluía uma palestra minha sobre Sosígenes na Universidade de Santa Cruz. Na mesma ocasião, Jorge e James Amado falariam de suas recordações pessoais do poeta de *Iararana*. Quando chegamos ao edifício da Faculdade de Letras, afixado à entrada havia um cartaz anunciando os nossos nomes como palestrantes e, para o dia seguinte, uma conferência sobre Eça de Queirós por um escritor português convidado. À mesa nos sentamos então, pela ordem, Jorge, James e eu.

Depois de todos falarmos, seguiu-se uma sessão de autógrafos durante a qual uma jovem estudante chegou-se até mim e disse: "O senhor, eu sei, é José Paulo Paes". Apontando para Jorge: "Aquele é o Jorge Amado". E, indicando James: "O Eça de Queirós é esse?". Atordoado, respondi que não, que se tratava de James Amado. O qual ficou louco da vida por eu lhe ter roubado, com a minha indiscrição, a glória de poder ser Eça ao menos por um dia.

No rol das minhas satisfações de editorário é preciso incluir também as viagens de férias ao exterior que, ao fim de quinze anos de total dedicação aos seus interesses, a empresa me proporcionou. Entre 1967 e 1990, viajei em companhia de Dora pelo Peru, México, Estados Unidos, Argentina, Uruguai, Paraguai, França, Inglaterra, Espanha, Itália e Grécia. Ir à Europa e conhecer Paris, cidade mencionada duas vezes na "Balada do Café Belas-Artes", tinha sido um sonho de mocidade que a falta de dinheiro não me permitiu realizar. Como o realizou um dos meus companheiros do Café Belas-Artes, que lá foi fazer um curso de cinema numa época em que, embalada ainda pelas róseas esperanças do pós-guerra, Paris era mais do que nunca uma festa.

Infelizmente, só na idade madura é que pude enfim viajar. Nessa idade, o turismo passa a ser uma espécie de serviço militar obrigatório. Eu o cumpri com algum proveito, ainda que sem o fervor dos anos juvenis, quando um halo de aventura doura a própria ideia de viagem. Das minhas peregrinações de turista de meia-idade nasceriam os poemas de "Geográfica pessoal", uma das seções de *A poesia está morta mas juro que não fui eu*, livro de 1988. Dessas peregrinações, as de mais consequências foram as que fiz à Grécia. Antes de lá ir pela primeira vez, pedi a Wilson Martins, então professor da Universidade de Nova York, que me conseguisse nos Estados Unidos um curso de grego moderno em fitas gravadas.

Durante alguns meses, duas horas por dia, fiquei a ouvi-las pacientemente para aprender as frases mais úteis, aquelas que alguns turistas prevenidos costumam levar na bagagem. Quando cheguei a Atenas e pedi em grego a um carregador que me levasse as malas até o táxi, ele entendeu perfeitamente. Mas, assim que se pôs a falar comigo, não entendi patavina.

Cheguei a perguntar-me se não teria havido algum engano, se as fitas que recebera eram mesmo de grego. Após alguns dias, porém, já conseguia distinguir uma que outra palavra da rapidíssima prolação ou modo de falar dos atenienses. Numa livraria do Sintagma, praça da Constituição, comprei um dicionário de grego-inglês e uma edição bilíngue de Konstantinos Kaváfis, o maior poeta neo-helênico do século XX. De volta ao Brasil, os olhos ainda deslumbrados pela beleza das paisagens e monumentos gregos, comecei a decifrar-lhe os versos pacientemente, palavra por palavra. E não tardou a me espicaçar o desejo de os traduzir em português.

Em dois anos de trabalho, consegui verter perto da metade dos 154 poemas deixados por Kaváfis. Uma versão cuidadosa, que procurava respeitar a métrica, a estrofação, as rimas, as simetrias e jogos de palavras do original. Essa versão foi publicada em livro pela Editora Nova Fronteira. Paulo Rónai, mestre da arte de traduzir, agradeceu-me numa carta calorosa o exemplar que lhe mandei dos *Poemas* de Kaváfis. Entre outras coisas, dizia: "Venho acompanhando com interesse e ternura o seu encontro com a literatura neogrega, por ver nele uma aventura semelhante à que foi para mim, há quase meio século, a descoberta das letras brasileiras [...] o volume é, sob todos os pontos de vista, modelar, e marca uma data importante na história da tradução poética entre nós".

Pelo menos na minha história de tradutor, esse volume marcou de fato uma data importante: a de versões doravante feitas não pela necessidade econômica, mas pelo gosto de traduzir textos poéticos de valor. A bem dizer, essa fase se iniciara um ano antes com os *Sonetos luxuriosos*, do poeta fescenino italiano Pietro Aretino, também traduzidos por gosto, não por obrigação. As láureas que essas duas versões poéticas receberam em 1981 — o prêmio Jabuti da Câmara Brasileira do Livro e o prêmio de tradução da Associação Paulista dos Críticos de Arte — mostraram que meu novo trabalho não passara despercebido.

Para continuar com traduções desse tipo, voltar a escrever regularmente artigos de crítica na imprensa e fazer as pesquisas bibliográficas que desejava, eu precisava de mais tempo livre. Se as ideias para um poema podem ser anotadas em qualquer lugar e a qualquer hora para serem desenvolvidas mais tarde, o mesmo não acontece com o trabalho tradutório e ensaístico. Este exige disciplina, sistema, regularidade, que, por sua vez, requerem tempo. Como, após comprovar 35 anos de trabalho, eu conseguira me aposentar pelo Inamps, fiz à editora uma proposta: aceitava ter o meu salário diminuído em troca de dar expediente só dois dias por semana, e não cinco, como até então vinha fazendo. Responsabilizava-me inteiramente pelo departamento editorial e levaria trabalho para casa sempre que necessário.

O esquema funcionou bem por alguns meses. Até o dia em que fui advertido de que a direção da empresa não estava satisfeita com esse regime excepcional de trabalho. Eu deveria não só voltar a dar expediente diário como assumir os encargos editoriais de uma linha de obras de esoterismo. Como não acredito em esoterismo e nada queria ter a ver com ele, só me restava uma alternativa: pedir demissão, reunir os badulaques e ir-me embora. Para ser finalmente aquilo que sempre sonhara ser: um escritor em tempo integral.

Recebendo a cruz de ouro da Ordem de Honra, conferida pelo presidente da Grécia.

A alforria

Os dicionários definem alforria como a liberdade concedida a um escravo ou o resgate de uma pessoa de qualquer jugo ou domínio a que esteja submetida. Nas minhas relações de trabalho com a direção da editora nunca houve escravidão, jugo ou domínio. Houve, ao contrário, laços de amizade que se mantiveram até dias antes da minha saída. Saí por vontade própria, assim como por vontade própria ali entrara. Mas nem por isso deixei de me sentir alforriado ao sair. Alforriado no sentido de passar a ser dono e senhor do meu tempo para fazer dele o que bem entendesse.

Em pouco mais de dez anos decorridos da minha saída, fiz três vezes mais, literariamente falando, do que nos vinte e tantos anos de editorário. Se bem que, do ponto de vista econômico, o primeiro ano de alforria não tivesse sido nada fácil. O que eu ganhava de aposentadoria era pouco e, naquela quadra de inflação galopante, o pouco se transformava logo em quase nada. Felizmente eu podia contar com a compreensão e o apoio de Dora. Desde que nos casáramos, ela nunca havia deixado de trabalhar; seus ganhos se somavam aos meus para fazer frente às despesas da casa. Conosco não havia o meu e o teu; havia o nosso. E o nosso trem de vida era e continuava a ser modesto. Assim como ela me havia apoiado quando decidi deixar o laboratório, apoiou-me quando deixei a editora.

Comecei a colaborar com regularidade no suplemento "Cultura" do *Estadão* e no antigo "Folhetim" da *Folha de*

S. Paulo. As colaborações, pagas, ajudavam a equilibrar o orçamento mensal e foram mais tarde recolhidas em *Gregos & baianos*, volume distinguido com o prêmio Jabuti de 1985 para ensaios. Aceitei também traduzir *A vida e opiniões do cavalheiro Tristram Shandy*, famoso romance de Laurence Sterne que tanto influenciou o Machado de Assis de *As memórias póstumas de Brás Cubas* e que, pelas suas inovações formais, é considerado uma espécie de antecessor do *Ulysses* de Joyce. A tradução me custou um ano de trabalho ininterrupto, mas compensador: foi uma fascinante aventura.

Assim como no caso dos *Sonetos luxuriosos* de Aretino e dos *Poemas* de Kaváfis, exigi do editor o pagamento de direitos autorais. Traduções desse tipo, fiéis ao espírito e à forma do original, são o que chamo de criações de segundo grau. Quem as faz se torna uma espécie de coautor da obra traduzida. Nada mais justo, portanto, que participe também da fortuna editorial dela. Se ela tiver mais de uma edição, o tradutor, como quase coautor, faz jus a uma parte dos proventos. É o que acontece em países como França, Inglaterra e Alemanha, onde as traduções costumam render direitos autorais. Tais direitos só os fui receber depois de alforriado. Os das numerosas traduções que antes fizera tive de aliená-los.

Em 1985, convidado pela jornalista Cremilda Medina, que me havia incluído em *A posse da terra*, o seu livro sobre prosadores e poetas brasileiros contemporâneos, viajei a Portugal numa comitiva de escritores. Além da própria Cremilda, participavam da comitiva Lygia Fagundes Telles, Nélida Piñon, Julieta de Godoy Ladeira, Marly de Oliveira, Adélia Prado, Ignácio de Loyola Brandão, Ivan Ângelo, Ricardo Ramos, Moacyr Scliar, Márcio Souza, João Antônio, Oswaldo França Jr., Salim Miguel, Sinval Medina, Heloysa Ramos, viúva de

Graciliano Ramos, e o Prof. Soares Amora. Claro que Dora me acompanhava: como ela própria costuma dizer, aonde vai a corda vai a caçamba. Ou vice-versa, corrijo eu.

A viagem foi divertida pelo clima de bom humor que logo se estabeleceu entre os participantes. Visitamos várias cidades e falamos aos estudantes das universidades de Lisboa e do Porto. Houve um rodízio de oradores para cada uma das sucessivas cerimônias a que tivemos de comparecer. Quando me coube a vez de falar, acentuei que vínhamos a Portugal não como filhos a pedir a bênção paterna ou materna, mas como irmãos mais novos que em outras terras tinham enriquecido a língua portuguesa com novas maneiras de dizer. Talvez elas pudessem chocar os puristas de aquém-mar, mas deviam ser recebidas como um enriquecimento do patrimônio da língua. Enfatizei esse ponto para quebrar uma certa rotina de subserviência que, em nome de uma suposta unidade histórico-linguística, tem dominado as relações da ex-colônia com a ex-metrópole. Exemplo gritante dela são as infindáveis reformas ortográficas a atazanar, uma após outra, a paciência dos aprendizes e usuários da língua.

O bom humor do grupo de escritores brasileiros avultou em algumas situações pitorescas. Por exemplo, quando visitávamos o castelo de Sintra, nosso guia, um professor de História, citou D. Maria I "que vocês, brasileiros, chamam de D. Maria, a Louca". Para perplexidade do pobre historiador, Ignácio de Loyola Brandão prontamente o corrigiu: "A Louca não; a Doidona". O mesmo Loyola nos contou que, no quarto do hotel onde se hospedou no Saldanha, havia um aviso junto do telefone: "Por favor, disque um número de cada vez"...

Reunindo umas economias, fiz com Dora uma segunda viagem à Grécia para comprar livros inencontráveis no Brasil. Eles me possibilitariam levar avante o ambicioso projeto de organizar e traduzir uma antologia de *Poesia moderna da Grécia*, que saiu publicada em 1986 e me custou três anos de trabalho sistemático. De muita valia foi a ajuda de dois amigos gregos, Sarandis Andricópoulos, um grande conhecedor da literatura neo-helênica que passou três anos em Brasília como funcionário da FAO, e o poeta Alexis Zakythinos, àquela altura embaixador da Grécia no Brasil. Devo a Zakythinos a indicação de meu nome para a cruz de ouro da Ordem de Honra que me foi conferida pelo presidente da Grécia.

O trabalho de tradutor e de ensaísta não me fez esquecer a poesia, raiz primeira da minha personalidade literária. Luiz Schwarcz, quando diretor de edições da Brasiliense, propôs a publicação de toda a minha poesia num só volume. Com o título de *Um por todos* e uma introdução de Alfredo Bosi, o volume reunia todos os meus livros anteriores, de *O aluno* a *Resíduo*. Nele figurava também uma nova série de poemas, *Calendário perplexo*, cada um deles comemorando uma data, do Ano-Novo ao Natal. Um dos dois poemas de Natal foi o primeiro de encomenda que fiz na vida, para uma edição especial do suplemento "Cultura". Como os meus demais poemas haviam nascido por si, de uma ou outra inspiração de momento que a artesania se encarregaria de desenvolver, achei uma temeridade ter aceitado a encomenda. Mas logo me veio à mente a lembrança dos jogos de armar de minha infância, dos presépios montados pela minha avó e, em contraposição, a devastação ecológica e militar dos nossos dias. Com base nessas sugestões, consegui escrever o poema em tempo hábil:

Como armar um presépio

pegar uma paisagem qualquer

cortar todas as árvores e transformá-las
em papel de imprensa

enviar para o matadouro mais próximo todos os animais

retirar da terra o petróleo ferro urânio que possa
eventualmente conter e fabricar carros tanques aviões
mísseis nucleares cujos morticínios hão de ser
noticiados com destaque

despejar os detritos industriais nos rios e lagos

exterminar com herbicida ou napalm os
últimos vestígios de vegetação

evacuar a população sobrevivente para as fábricas
e cortiços da cidade
depois de reduzir assim a paisagem à medida do homem
erguer um estábulo com restos de madeira cobri-lo de
chapas enferrujadas e esperar

esperar que algum boi doente algum burro fugido
algum carneiro sem dono venha nele esconder-se

esperar que venha ajoelhar-se diante dele algum velho
pastor que ainda acredite no milagre

esperar esperar

quem sabe um dia não nasce ali uma criança
e a vida recomeça?

Houve lançamento e sessão de autógrafos de *Um por todos* numa livraria. Foi um sacrifício ir até lá. Eu mal podia caminhar devido a um outro acidente circulatório na perna esquerda, rapidamente agravado em necrose de pé. A amputação era inevitável, mas não podia ser feita enquanto o processo necrótico não chegasse ao fim. Durante o tempo de espera, as toxinas geradas por ele iam-se espalhando pelo organismo e provocando surtos de delírio. Delírios de tamanha vividez que eu não os distinguia da realidade. Passei a viver entre dois mundos. Dora velava por mim o tempo todo, impedindo-me de pular da cama para correr atrás das alucinações. Nos intervalos de lucidez, entontecido pela dor difusa, eu não conseguia ler; ficava a olhar para o vazio.

Chegou finalmente o dia de ir para o hospital. Nesse dia eu estava tão alucinado que cheguei a sugerir ao médico que me cortasse ambas as pernas para maior segurança. A amputação, acima do joelho, foi feita ao meio-dia. Da sala de cirurgia segui para a de recuperação, onde só voltei a mim na madrugada do dia seguinte. Quando abri os olhos, estava totalmente lúcido, sem mais tonturas nem delírios nem dores. Levaram-me embriagado de lucidez — se assim se pode dizer — para o quarto e nesse dia li um livro inteiro: *A ilha de coral*, de Ballantyne.

O médico que fizera a operação recomendou procurar um psicólogo para ajudar-me a enfrentar o trauma da amputação. Não foi preciso. Dora, com a coragem que me infundiu e tudo quanto me ensinou — como virar-me na cama, passar para a cadeira de rodas e movimentá-la pela casa —, tornou dispensável a ajuda psicológica e ortopédica. Com a sua experiência de professora de ginástica e seu conhecimento da musculatura e das articulações do corpo, ela me adestrou no uso das muletas. Depois mandou instalar em nossa garagem um sistema de barras paralelas e me iniciou na difícil arte de andar com uma perna mecânica. Em vinte dias eu já conseguia movimentar-me com um mínimo de segurança.

Fiz a estreia pública da nova perna comparecendo ao concurso de Cremilda Medina na Escola de Comunicações e Artes da USP. Cremilda me convidara para ser membro da sua banca de doutoramento e com isso tive acesso ao fechado mundo acadêmico. Mas voltando à perna: a cicatriz psicológica deixada pela amputação fechou-se definitivamente com o poema nela inspirado, "Ode à minha perna esquerda". Essa ode consta em *Prosas seguidas de Odes mínimas*. Transcrevo-lhe a parte final, onde imagino o resto do corpo conversando com a perna amputada que marcha sozinha rumo ao Juízo Final:

Longe
do corpo
terás doravante
de caminhar sozinha
até o dia do Juízo.
Não há
pressa
nem o que temer:
haveremos

de oportunamente
te alcançar.

Na pior das hipóteses
se chegares
antes de nós
diante do Juiz
coragem:
não tens culpa
(lembra-te)
de nada.

Os maus passos
quem os deu na vida
foi a arrogância
da cabeça
a afoiteza
das glândulas
a incurável cegueira
do coração.
Os tropeços
deu-os a alma
ignorante dos buracos
da estrada
das armadilhas
do mundo.

Mas não te preocupes
que no instante final
estaremos juntos
prontos para a sentença
seja ela qual for
contra nós
lavrada:
as perplexidades
de ainda outro Lugar
ou a inconcebível
paz
do Nada.

Em 1984 saiu publicado *É isso ali*, o meu primeiro livro de poemas infantis. Ele nasceu por acaso, das brincadeiras verbais que, durante os passeios com sobrinhos, Marcelo, Andréa e Carlos Fernando, eu costumava fazer para distraí-los. Como elas os divertiam, resolvi um dia pô-las por escrito. Escrevi mais alguma coisa no mesmo espírito e o resultado foi *É isso ali*, premiado pela Associação Paulista de Críticos de Arte e pela Fundação do Livro Infantil e Juvenil. Mais do que os prêmios valeu o testemunho de leitores mirins que decoravam os poemas e riam gostosamente ao recitá-los.

Escrever boa poesia para crianças não é nada fácil. Além de enfrentar limitações quanto a vocabulário, assuntos, alusões e referências, o poeta tem de descobrir o tom certo para interessar seus pequenos leitores. Um tom que seja ligeiro sem ser vulgar ou adocicado, que seja aliciante sem ser sentimental ou moralizador. Tom a que acredito ter chegado em textos como "Convite", de *Poemas para brincar*, da Editora Ática:

Poesia
é brincar com palavras
como se brinca
com bola, papagaio, pião.

Só que
bola, papagaio, pião
de tanto brincar
se gastam.

As palavras não:
quanto mais se brinca
com elas
mais novas ficam.

Como a água do rio
que é água sempre nova.

Como cada dia
que é sempre um novo dia.

Vamos brincar de poesia?

No Brasil, praticamente só Cecília Meireles e Vinicius de Moraes conseguiram produzir poesia para crianças cuja qualidade não desmerece a da poesia para adultos que lhes deu justa fama. Embora cada um dos meus livros de poesia para crianças contenha poucos textos, custa-me muito trabalho escrevê-los e aperfeiçoá-los até o ponto de satisfazerem o meu senso crítico.

Mas é um trabalho compensador. Além da satisfação de estar conquistando futuros leitores para um gênero de literatura menosprezado pela maioria, eles me dão uma notoriedade que os meus outros livros, endereçados a público mais restrito, não poderiam dar. Essa notoriedade é grata não porque me lisonjeie a vaidade, mas porque me traz satisfação profissional. Os livros são escritos para ser lidos; quando não o são, frustram-se em sua finalidade precípua. Acredito que parte do interesse despertado pelos meus poemas para crianças se deve às excelentes ilustrações com que a pena, o pincel e a imaginação de desenhistas como Carlos de Brito, Rubens Mattuck, Luiz Maia, Kiko Farkas e Alcy os enriqueceram.

A vastidão do público escolar a que a literatura infantil costumeiramente visa explica-lhe as altas tiragens, rendosas tanto para os editores quanto para os autores. Sonho com o dia em que, por iniciativa própria, não de seus professores, as crianças passem a escolher os livros que desejam ler. Assim como sonho com o dia em que, já crescidas em anos, elas conservem ainda pela leitura um gosto suficientemente vivo para levá-las até as prateleiras das livrarias em busca de poesia adulta de igual qualidade.

Em sua casa, *c.* 1990.

A outra casa

Esta breve história de vida começou numa casa, a de meu avó materno, em cujo quintal passei as melhores horas da infância. Mas a cada um dos seus moradores que morria, a casa se esvaziava um pouco. Quando se esvaziou de todo, cupins atacaram o madeirame do teto, telhas foram despencando, chuvas enegreceram as paredes, as tábuas do assoalho apodreceram e saúvas ergueram sobre elas suas torres cônicas. Um dia a casa em ruínas foi vendida. Puseram abaixo o que restava dela e construíram no lugar um novo edifício. Que não cheguei a ver. Angustiava-me ir a Taquaritinga para assistir a enterros: avô, pai, avó, mãe, tios, tias. Com o desaparecimento deles e da casa, a cidade de minha infância também desapareceu. Por isso eu não pude mais voltar. Como voltar, se as cidades são no tempo, não no espaço? E mesmo que eu tentasse voltar, a quem iria reconhecer, quem me iria reconhecer? Tentei responder em "Taquaritinga", um dos poemas de *A poesia está morta mas juro que não fui eu*:

cidade:
nas ruas em pé
eternas namoradas
me espreitam

eu é que não posso vê-las

cidade:
no jardim a fonte
insiste em jorrar
suas águas luminosas

só que me falta a sede

cidade:
agora nem as pedras
me conhecem

Os capítulos desta história de vida estão sendo escritos numa outra casa, aquela que eu e Dora construímos com a argamassa dos sonhos e os suores do rosto. Uma casa comum, sem nenhuma pretensão, ajustada como uma segunda pele ao nosso despretensioso modo de viver. Hoje já não posso mais andar como outrora, já não guio automóvel, já não vou aos sábados até o centro da cidade desencavar preciosidades em sebos e livrarias. Passo agora a maior parte do tempo em casa, curtindo o que nela acumulamos como signos de nossas experiências e afeições: réplicas de peças dos museus que visitamos, quadros e gravuras de pintores conhecidos nossos, móveis e objetos antigos presenteados por gente a par do nosso gosto pelo que alguns desdenhosamente chamam de "velharias". Nesta mesma casa vêm nos visitar amigos velhos e amigos mais novos ligados ao ofício de escrever — Fernando Paixão, Rodrigo Naves, Mario Sérgio Conti, João Moura Jr., Augusto Massi.

Raras vezes saio de casa para algum compromisso — dar uma palestra, comparecer a um lançamento de livro, fazer visitas, ir a um cinema de *shopping* ou a um teatro com estacionamento. Mas nem por isso minha vida é monótona.

Passo o dia em meu gabinete de trabalho, no fundo do quintal. Não um quintal de árvores de frutas e canteiros de verduras como o da casa de J. V., mas de árvores de flores e canteiros de folhagens cuja vista me descansa os olhos e atrai abelhas, borboletas, passarinhos. Rodeado de livros, sinto-me no centro do mundo. Com eles viajo pela geografia do saber e da imaginação que tão fielmente cartografam. E nos textos que escrevo, prosa ou verso, busco amealhar as pequenas riquezas colhidas vida afora —

associações de ideias suscitadas por um poema, um romance, um ensaio; lembranças de fatos que me tocaram particularmente; imagens de algum sonho que busco fixar antes de dissolverem sua estranheza no ar.

Anos atrás traduzi do poeta grego Giorgos Seféris aquele que para mim é o seu mais belo poema: "O rei de Ássine". Ássine era um pequeno reino da Grécia arcaica, de antes da escrita. Desse reino só restou o nome *Ássine*, citado por Homero num dos versos da *Ilíada*. Graças a essa única menção, o rei e seu pequeno reino perdido na escuridão dos séculos não desapareceram da memória dos homens. Pois para isso serve a poesia: para impedir que a vida passe em vão. Como qualquer outro poeta, máximo ou mínimo, venho me empenhando, na luta diária com as palavras, para que momentos significativos da minha vidinha não passem em vão. Qualquer acontecimento, por minúsculo que seja, pode ser significativo se nos tocar mais de perto. Outro dia, passeando pelo jardim aqui de casa, pisei sem querer numa borboleta recém-saída do casulo. Esse pequeno desastre me incomodou a ponto de suscitar um epigrama:

Mal saíra do casulo
para mostrar ao sol
o esplendor de suas asas
um pé distraído a pisou.

A visão da beleza
dura um só instante
inesquecível.

Mas a profissão de escritor não é feita apenas de viagens da imaginação; há também viagens de trabalho. Trabalho é modo de dizer: quando vocação e ofício coincidem — e eu tive de esperar trinta e tantos anos para que afinal coincidissem — o trabalho deixa de ser uma obrigação para se tornar um prazer. Depois de alforriado, fiz várias dessas viagens, umas dentro do Brasil, outras ao exterior. Da viagem a Portugal, em 1985, falei mais atrás. Em 1992, como tradutor convidado, fui à Grécia participar em Delfos de um congresso de escritores gregos residentes no estrangeiro. O congresso havia sido organizado pelo meu amigo Alexis Zakythinos quando embaixador da Grécia na Unesco. Chegado a Delfos, levei o maior dos choques ao saber que Alexis morrera de um enfarte quinze dias antes.

Delfos é um lugar espantoso. Hospedaram-nos num hotel ao pé do monte Parnaso, junto do santuário de Apolo, que foi o centro da vida religiosa da Grécia dita pagã. A imponência daquele cenário montanhês de pedras e nuvens dá logo a pensar que se os deuses tivessem de escolher algum lugar terreno para se manifestar só poderia ser ali. Todavia, os escritores reunidos em Delfos não pareciam afetados pela sacralidade do cenário. No decorrer de todo o congresso, as discussões entre eles foram ferozes. Embora eu mal entendesse o que discutiam, me divertia enormemente com a gritaria, esperando a todo momento que se engalfinhassem feito guerreiros de Homero. Entretanto, de noite no hotel, ao som de um conjunto de *buzukis* — uma espécie de bandolim ou alaúde grego —, dançavam reconciliados, de braços estendidos por sobre os ombros uns dos outros, as danças tradicionais da terra, totalmente esquecidos do pega-pega de horas atrás, que recomeçaria no dia seguinte.

Dois anos depois recebi outro convite, dessa vez para ir a Copenhague participar de um festival internacional de poesia onde estavam representados, além da própria Dinamarca, a Suécia, a Noruega, a ex-União Soviética, os Estados Unidos e o Brasil. Em polo oposto à balbúrdia polêmica dos gregos de Delfos, as leituras de poemas no festival de Copenhague faziam jus ao amor nórdico da organização e da ordem. Os textos a serem lidos por cada poeta no vasto salão de um museu de escultura clássica já haviam sido traduzidos com antecedência para o dinamarquês.

Meu tradutor foi o poeta Peter Poulsen, posteriormente responsável pela tarefa ciclópica de verter para o seu idioma o *Grande sertão: veredas* de Guimarães Rosa. Após cada poema por mim lido em português, Poulsen lia a sua versão dinamarquesa, ajuntando alguma pequena explicação, quando necessária. Um público de mais de quinhentas pessoas (e convém acrescentar que as entradas eram pagas) não só nos ouviu com total atenção como interrompeu várias vezes a leitura com palmas, risos e assovios. No final, fomos aplaudidos de pé. Ainda hoje, ao lembrar a cena, sinto um arrepio de emoção. E de espanto.

Leituras públicas de poemas não são hábito no Brasil como são na Europa e nos Estados Unidos. Também em Bogotá, Colômbia, onde participei do III Encontro de Poetas Hispano-Americanos, o gosto pela poesia oralizada está muito difundido. Nos cinco dias do encontro, fizemos leituras públicas em diferentes locais e sempre com audiências atentas e entusiásticas. As melhores foram as da Casa de Poesia Silva, um espaço dedicado exclusivamente, como o nome indica, à divulgação de poesia, com um auditório e biblioteca especializada ao dispor do público e um programa de palestras, cursos, leituras, lançamentos ao longo de todo o ano. Pena que em nenhuma cidade brasileira haja espaços assim. Eles teriam alto papel a cumprir num país onde o apreço pela poesia ainda é tão pouco.

Das viagens dentro do Brasil, fui a Porto Alegre em 1993 para receber o prêmio de poesia conferido pela Aplub a *Prosas seguidas de Odes mínimas*. Era o primeiro prêmio em dinheiro que eu recebia na vida. Com ele pude comprar o computador onde ora escrevo esta história de um escritor cuja formação literária foi feita autodidaticamente e que não chegou a cursar universidade.

Se bem conte no meu círculo de relações professores titulares de literatura, os títulos universitários sempre me intimidaram um pouco. Nem por isso escapei de receber um quando a congregação da Faculdade de Filosofia, Letras e Ciências Humanas da USP houve por bem reconhecer-me pessoa de Notório Saber (quem, eu?). Esse reconhecimento, solicitado pela disciplina de Teoria Literária e Literatura Comparada, era necessário para que eu pudesse lecionar, em nível de pós-graduação, na sua área disciplinar.

Antes disso, eu já tinha dado um curso de tradução de poesia na Unicamp. Nesse curso de 1987, em formato de oficina, ou *workshop*, isto é, de discussão de trabalhos feitos pelos alunos, trabalhamos com textos em inglês, francês, italiano, alemão, espanhol e latim. A variedade de idiomas serviu para dar aos alunos uma visão mais matizada dos problemas gerais da técnica tradutória. Eles se aplicaram ativamente às tarefas que escolheram de moto próprio e disso resultou uma coletânea de versões poéticas publicada pela editora da Unicamp com o título de *Transverso*. Lembro-me, numa das aulas, de ter sugerido o aumentativo *rodão* para traduzir o aumentativo alemão correspondente, de tom coloquial, que aparecia num poema do expressionista Gottfried Benn, se não me engano. Um dos alunos objetou: "A gente não diz mais *rodão* quando quer dizer uma roda grande. Diz *uma puta roda*". Receoso de que, apesar de expressionista, Gottfried Benn pudesse aborrecer-se postumamente com a irreverência, preferi recomendar *roda grande* como solução mais prudente...

Para o curso da USP, em 1995, propus a Iná Campos Costa, coordenadora da pós-graduação, um máximo de vinte inscritos. Quando cheguei para a aula inaugural, tinham-se inscrito cinquenta e quatro alunos regulares e mais de sessenta alunos ouvintes. Foi preciso arranjar uma sala maior para acomodar tanta gente e um amplificador de som para levar até ela a minha voz de pouco volume. O curso se propunha a discutir as características do metarromance — isto é, do romance que fala de si próprio — através de três exemplos históricos. O terceiro exemplo era brasileiro, *A rainha dos cárceres da Grécia*, de Osman Lins.

Foi uma oportunidade que me apareceu não só de debruçar-me sobre esse extraordinário romance, cuja composição pude acompanhar de perto, como de relembrar a figura desse amigo a quem eu e Dora fomos tão ligados enquanto ele viveu. Íamos com frequência visitá-lo, a ele e a Julieta de Godoy Ladeira, sua mulher, e com igual frequência os tínhamos como convidados. Com Osman, um apaixonado da literatura, tive memoráveis discussões a respeito dela. A morte o surpreendeu no auge da sua carreira de ficcionista. Ao lado de outros amigos fiéis — James Amado, Raduan Nassar, Massaud Moisés — estive com ele até o fim.

Não sei de nenhum outro escritor brasileiro que tivesse concepção mais nobre do ofício de escrever. A ele consagrou Osman Lins um livro definitivo, *Guerra sem testemunhas: o escritor, sua condição e a realidade social*, que termina assim:

> *Ao fim, entretanto, deste livro que começa indeciso, indagador, e é concluído sem falsas ilusões, mas também sem qualquer indecisão, vejo: com todos os meus equívocos, em algo não errei. Então como agora, consagro minha força às letras. Com uma diferença: tenho, ao fazê-lo,*

"larga experiência" do que é e do que custa. Ao afirmar que nada mais desejo senão ser o que sou, um escritor, sobeja--me consciência da minha afirmação e de tudo em que ela implica.

Com uma "larga experiência" de setenta anos de vida, recorro a essas palavras de Osman para sumariar meu trajeto desde os dias curitibanos, quando decidi comigo mesmo que haveria de ser escritor, custasse o que custasse. Paguei de alma leve esse alto custo: anos e anos de estudo e pesquisa solitária; horas e horas de lazer sacrificado; páginas e páginas rasgadas antes de chegar a uma digna de ficar inteira; trabalhos e trabalhos subalternos até alcançar a autonomia a que desde sempre aspirara.

A eventuais leitores, jovens ou menos jovens, que sonhem ser escritores, permito-me não dar um conselho, mas fazer um lembrete. Não basta querer ser; tem-se de merecer ser. E merecimento só se alcança com obstinação, paciência, esforço, autocrítica feroz. Que eles tenham isso em mente antes de tomar uma decisão capaz de desviar o curso de suas vidas para um rumo que talvez não seja o delas. Se acharem que a decisão implica um custo muito alto, mudem prontamente de rumo. Há tantos rumos neste mundo de Deus...

De minha parte, ufano do título de um poeta como outro qualquer, gloso Osman ao dizer que pretendo me consagrar à poesia até o penúltimo poema. Porque não chegarei a saber que era o último.

Com Dora.

Outras obras do autor

Poemas para crianças

É isso ali, 1984

*

Olha o bicho, 1989

*

Poemas para brincar, 1989

*

Uma letra puxa a outra, 1992

*

Um número depois do outro, 1993

*

Lé com cré, 1993

*

O menino de olho-d'água, 1996

*

Um passarinho me contou, 1996

*

A revolta das palavras, 1999

*

Vejam como eu sei escrever, 2001

*

Histórias do Brasil na poesia de José Paulo Paes, 2004

Poemas

O aluno, 1947

*

Cúmplices, 1951

*

Novas cartas chilenas, 1954

Epigramas, 1958

*

Anatomias, 1967

*

Meia palavra, 1973

*

Resíduo, 1980

*

Calendário perplexo, 1983

*

A poesia está morta mas juro que não fui eu, 1988

*

Prosas seguidas de Odes mínimas, 1992

*

A meu esmo, 1995

*

De ontem para hoje, 1996

*

Melhores poemas de José Paulo Paes, 2000

*

Socráticas, 2001

*

Em tempo escuro, a palavra (a)clara, 2007

*

Poesia completa, 2008

Crítica literária

As quatro vidas de Augusto dos Anjos, 1957

*

Os poetas, 1961

*

Mistério em casa, 1961

*

Pequeno dicionário de literatura brasileira,
organizado com Massaud Moisés, 1967

Pavão, parlenda, paraíso, 1977

*

Gregos e baianos, 1985

*

A aventura literária, 1987

*

Tradução: a ponte necessária, 1990

*

De "Cacau" a "Gabriela": um percurso pastoral, 1991

*

Canaã e o ideário modernista, 1992

*

Transleituras, 1995

*

Os perigos da poesia e outros ensaios, 1997

*

O lugar do outro, 1999

*

Armazém literário, 2008

Prosa

Um poeta como outro qualquer, 1996*

*

Poesia para crianças: um depoimento, 1996

Traduções

Poemas para crianças

Rimas no País das Maravilhas, de Lewis Carroll, 1995

*

* Transcrição do depoimento dado em 1990 no Ciclo "Artes e Ofícios da Poesia", realizado no Museu de Arte de São Paulo (Masp) e publicado pela editora UEPG em 1996.

Mamãe gansa, seleção de Scott Cook, 1995

*

Sem cabeça nem pé, de Edward Lear, 1996

*

Ri melhor quem ri primeiro: poemas para crianças (e adultos inteligentes), vários autores, 1998

*

Os encontros de um caracol aventureiro e outros poemas, de Federico García Lorca, 2002

Infantojuvenis

Tempos de vida: uma bela maneira de explicar a vida e a morte às crianças, de Robert Ingpen e Bryan Mellonie, 1998

*

Ecologia: um modo ponderado de explicar às crianças a preservação do meio ambiente, de Robert Ingpen e Margaret Dunkle, 1999

*

Tempos de paz, de Robert Ingpen e Katherine Scholes, 2000

Poemas

Poemas, de Konstantinos Kaváfis, 1982

*

Poesia moderna da Grécia, vários autores, 1986

*

Poemas, de Paul Éluard, 1987

*

Poemas, de William Carlos Williams, 1987

*

O soldado, de Alexis Zakythinos, 1988

*

Poesia erótica em tradução, vários autores, 1990

*

Epigramas, de Palas de Alexandria, 1991

Poemas, de Friedrich Hölderlin, 1991

*

Poemas, de Rainer Maria Rilke, 1993

*

Poemas da antologia grega ou palatina,
vários autores, 1995

*

Poemas, de Giorgos Seferis, 1995

*

Gaveta de tradutor: versões de poesia, vários autores, 1996

*

Poemas da carne e do exílio, de Ovídio, 1997

*

Quinze poetas dinamarqueses, 1997

*

Sonetos luxuriosos, de Pietro Aretino, 2000

Ficção

Histórias extraordinárias, de Edgar Allan Poe, 1958

*

Histórias humanas, de Charles Dickens, 1959

*

Os buracos da máscara: antologia de contos fantásticos,
vários autores, 1985

*

Contos, de Edgar Allan Poe, 1985

*

Às avessas, de Joris-Karl Huysmans, 1987

*

Nostromo, de Joseph Conrad, 1991

*

As montanhas são proibidas, de Dino Buzzatti, 1993

*

Até o último fantasma, de Henry James, 1994

*

Ascese, os salvadores de Deus, de Nikos Kazantzákis, 1997

A vida e as opiniões do cavaleiro Tristam Shandy,
de Laurence Sterne, 1998

*

O manuscrito de um louco e outras histórias,
de Charles Dickens, 2005

*

Histórias extraordinárias, de Edgar Allan Poe, 2008

Prosa

Cibernética e sociedade, de Nobert Wiener, 1954

*

Ensaios, de Ralph Waldo Emerson, 1961

*

A arte de viver ensinada pelos clássicos,
vários autores, 1964

*

O castelo de Axel, de Edmund Wilson, 1967

*

Estruturalismo e poética, de Tzvetan Todorov, 1968

*

Teoria da forma literária, de Kenneth Burke, 1969

*

Introdução aos estudos literários,
de Erich Auerbach, 1970

*

A comunicação humana, de Colin Cherry, 1971

*

Estruturas linguísticas em poesia, de Samuel R. Levin, 1975

*

Declínio e queda do Império Romano (edição abreviada),
de Edward Gibbon, 1989

*

Onze ensaios, de Edmund Wilson, 1991

*

Reflexões sobre poesia e ética,
de Konstantinos Kaváfis, 1998

Cotraduções

Prosa

Linguística e comunicação, de Roman Jakobson,
cotradução com Izidoro Blikstein, 1967

*

Curso de linguística geral, de Ferdinand de Saussure,
cotradução com Antonio Chelini e Izidoro Blikstein, 1970

*

ABC da literatura, de Ezra Pound,
cotradução com Augusto de Campos, 1970

*

As grandes correntes da linguística moderna,
de Maurice Leroy, cotradução com Izidoro Blikstein, 1971

*

A arte da poesia: ensaios escolhidos,
de Ezra Pound, cotradução com Helysa de Lima Dantas, 1976

Ficção

Histórias, de Bret Harte,
cotradução com Yolanda Toledo, 1964

*

Contos, de O. Henry,
cotradução com Alzira Machado Kawall, 1964

Poemas

Poemas, de Wystan Hugh Auden,
cotradução com João Moura Jr., 1986